庫

「社会を変える」を仕事にする

社会起業家という生き方

駒崎弘樹

筑摩書房

目次

第2章「社会を変える仕事」との出会い……59

第6章 「地域を変える」が「社会を変える」……181

「社会を変える」を仕事にする——社会起業家という生き方

プロローグ

彼女と会ったのは、日本全国の起業家のうち、とくに際立った起業家を表彰する賞、「アントレプレナー・オブ・ザ・イヤー」の授賞式の会場だった。

二〇〇六年十月五日、巨大な外資系ホテルでの盛大なレセプション。まばゆい照明にたくさんのカメラのフラッシュが塗り重なり、トロフィーを持つ起業家たちはキラキラと輝いていた。そうした起業家たちのなか、一人NPOの経営者である僕は、場違いなところに来てしまった気分で、きょろきょろしながら目の前の豪華な料理をつまんでいた。

売上高数十億のベンチャー起業家や、上場したばかりで気勢をあげている経営者が集まるこんな会に、どうして自分が呼ばれて、さらには表彰の壇上でスピーチまでするはめになったのだろう。

しどろもどろで「社会問題を解決するための事業を行っています」と話しはしたが、明らかに毛色の違う内容に、会場の人はポカンとしていたんじゃないだろうか。

僕は「フローレンス」というNPOで病気の子どもたちを預かる事業を行っている。働きながら子育てをする人々にとって、子どもが病気になったときにどこへ預けるかは大問題なのだが、社会問題として、なかなか認知はされていない。

「病児保育」と言われ、保育業界最大の難問とされてきたこの問題に解決策を見出したとして、僕たちの事業は評価されることになり、この日、アントレプレナー・オブ・ザ・イヤーの「ソーシャル・アントレプレナー（社会起業家）部門」で表彰されたのだった。

隣に座っていた審査委員事務局の初老の男性がふと口を開いた。

「アントレプレナー・オブ・ザ・イヤーはもともとアメリカで生まれて、いまでは全世界に広まっているのですが、七年前に日本でもこの賞を立ち上げたとき、私たちはアメリカにあるこの『ソーシャル・アントレプレナー部門』の意味が恥ずかしながらわからなかったんですよ。だから最初は起業家を支援されている財団の方などを選出していたのですが、最近、アメリカでは当たり前のソーシャル・アントレプレナー（社会起業家）がようやく日本でも出てきて、『ああ、こういう人たちのことなんだ』と、私たちもやっとわかるようになったのです。アメリカのように私たちの手で社会起業家を表彰することができて、とても嬉しいです」

満面に笑みをたたえ、そうおっしゃってくださった。

僕は笑顔を返しはしたものの、自分のように地域の片隅で悪戦苦闘している人間と、壮大な事業戦略を語る起業家の先輩方のギャップに恐縮してしまい、皿の上のパスタを何度も何度も繰り返し巻いていた。

「あ、あの……！」

振り返ると、隣の席にはいつの間にか若い女性が座っていて、両手で名刺をしっかりつかみ、僕に差し出している。

「あ、ど、どうも……」僕は向き直って名刺を受け取り、会釈《えしゃく》を返した。

○○大学法学部政治学科三年　春井紗那

「私、将来起業したいんです」

まっすぐ僕を見る目は会場全体の照明のせいかキラキラと輝いている。僕はなんとなく気恥ずかしくなり、ぬるくなったビールを一口飲んだ。

「最近はそういう大学生も増えてきてるんだね。たしかにここにはまさに起業家、な方々が集まっていらっしゃるから、話を聞いたら勉強になると思う。でも、あいにく僕はあまり参考にならないような事業をしているし、規模も恐ろしく小さいんだ。……だから、あそこのテーブルのさ、ほら、あの女性経営者の方とかの話を聞けば、とても参考になるんじゃないかな」

そう言って僕はその経営者のほうを指差したが、彼女は「ありがとうございます、でも……」とそちらのほうは向かずに「私、社会的な問題を解決するために起業をしたいんです」とちょっと恥ずかしそうに言った。

「以前、福祉施設でボランティアをしていたときに、障害を持った人たちの可能性をもっと伸ばせるんじゃないか、って思ったことがあるんです。たとえば聾《ろう》の小学生が、知的障害者に手話を教えてあげたりしていて、すごく感動したことがあるんですね。

だから、私そういう方々の可能性を大きく伸ばせるような事業を考えているんです！　駒崎さん、私に社会起業のこと、教えてください！」

彼女は身を乗り出し、上気した頬が僕の近くまで来た。

しかし、正直面食らった。社会的な事業の起こし方なんて、社会起業のさかんなアメリカなら体系的な手法が研究されているのかもしれないが、僕は人様に説明できるほど厳密に理解しているわけもない。僕が知っているのは、病気の子どもを預かる事業についてだけだ。

やんわりとそんなことを告げると、彼女は急にしゅんとして視線を床に落とした。

「こういうことって、どこに行って誰に聞けばいいのか全然わからなくて……。親に話しても大反対されるだけなんです。『社会の役に立ちたいなら公務員の試験受けろ。それが嫌ならちゃんとした企業に就職して、土日でボランティアでもやりなさい』って……」

そういえば彼女は、真っ白なブラウスに黒のジャケットとスカートのリクルートスーツ、いわゆる就活（就職活動）ルックだ。企業説明会の帰りなのだろう。

「よくわからなくなっちゃうんですよ。いまどき一つの会社に死ぬまでいる、なんてことは絶対にないですし、先輩たちも三年以内にはだいたい転職しています。『キャリアアップのために転職は当たり前』ってみんなは言うけど、じゃあキャリアアップのために仕事するのかな、とか思っちゃうんです。キャリアアップすれば収入はよくなるのかもしれませんが、別に収入のためだけに働きたいわけじゃないですし」

スカートの端を両手でぎゅっと握って早口で彼女は言う。僕はかけるべき言葉が見つからず、とりあえずビールを舐めた。彼女はつづける。

「だから自分のしたいことを仕事にしようと思って、起業だ、って思ったんです。それで大学の起業サークルにも入ったんですね。でも『とりあえず儲けよう』っていうノリがあまり好きになれなくて、結局やめちゃいました。いまはなんとなく就活してるんですけど、起業の夢は諦められないし、でも周りが内定を取りだして自分だけ決まらないと焦っちゃうし、もうどうしていいのかよくわからないんですよ」

困った。僕もどうしていいのかよくわからない。でも、彼女のような志のある学生が、結局断念して大企業に入り、意気消沈してやめていく、なんていうのは残念だ。

NPO業界の人材層は、農業をもじって「三ちゃん業界」とか言われている。「あ「あんちゃん（学生）・おばちゃん（主婦）・おじいちゃん（退職後の高齢者）」から成る業界、という意味だ。つまり「それで食っている」若手や中堅の人材がいないのだ。

継続的に事業を行うためには、若手が就職先としてNPOを選択することが欠かせない。それにもかかわらず現状はそうなっていないし、せっかくの彼女のような人材が、それをできないでいる。

なんてもったいないことだろう。もし彼女は氷山の一角で、多くの若者が同様の悩みを持っているとしたら、それは日本社会にとって大きな損失ではないのだろうか。

「あの、駒崎さんは就活はしなかったんですか？　最初に事業を始めるとき、お金はどうしたんですか？　周りの人に、止められませんでした？　それから……」

「ちょ、ちょっと待って。そういうの、全部話してたらセレモニーが終わっちゃうからさ。あとで、メールででも全部答えるね、うん」

そう言った瞬間、彼女の目が輝いた。

「本当ですか」

「え、あ、う……」

「ホントにホントですか」

「あ、まあ、できるかぎり、はい、ほんとに」

「やったあ‼ 嬉しいです。ありがとうございます‼ ほんとに嬉しいです！」

彼女は僕の手を取り、ぶんぶん振った。

参った。はたして自分のような半人前が、彼女のような「社会の役に立ちたい若者」にとって、ためになることを語れるのだろうか。

彼女のような若い人材が社会起業家としてＮＰＯ業界で活躍できる時代を迎えるために、なんらかの貢献ができるのだろうか。

セレモニーが終わり、会場のホテルを出る。さっきの女子大生を探して少し目を泳がせたが、隣のショッピングモールの買い物客が濁流のように通りがかっていて、どこにも見つけられなかった。

駅につながるこじゃれたコンコースを、歩いて帰りながら眺める夜景は、子どものころに見たSF映画の未来都市を連想させる。

セレモニーの喧騒とほんの少し飲んだビールのせいで頭がクラクラする。転ばないようにつま先を見ながら歩いていると、真っ黒な素足が自分の革靴の前に投げ出され、僕はぎょっとして立ち止まる。

そこにはホームレスの男性が寝そべっていた。一瞬、目が合ったが、僕はすぐに視線をそらせて通り過ぎた。

さっきよりも少し足早になっているような気がして、そんな自分に気分が悪い。胸を押さえながら、考えた。

たしかに僕は、一つの社会問題に対してある程度の行動を起こし、評価もされた。だけど、僕たちが何気なく歩いているこの社会には、おそらく無数の社会問題が真っ黒な素足のように投げ出され、さっきの僕がしたように見て見ぬふりをされている。

こぼれ落ちながら静かに増殖していく、そんな世の中の問題たちに、手袋をせずに手を突っ込む人間が増えていかなければならない。

ＮＰＯの世界なんてまったく知らなかった自分が、地域と格闘し、返り血を浴びながら知ったこと、考えてきたこと。それらを、「社会の役に立ちたい」と願う彼女のような若者たちに対して、気持ちを挫《くじ》くことなく伝えていけないだろうか。そうすることが一つの点ではなく、広がっていく面として社会をよくしていくことにつながっていってくれたら。

しかし、はたして自分に、それを語ることができるだろうか。

いや、とにかく始めてみよう。届くか届かないかわからない手紙だとしても、出さなければ絶対に届かないのだから――。

第1章　学生でITベンチャー社長になっちゃった

■「先輩、社長になってください」

学生や起業を志す若い方々に社会起業についてお話しするにあたって、僕が以前、ITベンチャーの経営者だったことを説明したいと思う。

ITからNPOへ。この、どう考えてもちぐはぐなキャリアを歩むことになった経緯は、ちょっとだけ複雑だ。といっても、いろいろな偶然に出会い、いつの間にか、こうなっていたというだけなのだが。

僕が一九九九年に入学した大学は、理系ではないがITに強いところで、インターネットに接続するための無線がビュンビュン宙を斬《き》っていて、キャンパスに長くいると頭痛がしてしまうようなデジタル環境だった。そこには、どこへ行くにもノートパソコンを持ち歩き、髪を長く伸ばして、ふつうのビジネスマンなら舌を巻きそうな複雑なプログラミングを難なくやってのけるような、技術にものすごく詳しい学生が大勢いた。

二〇〇二年、大学三年生のある日、そんな学生の一人から、僕はマンションの一室に呼び出された。よく知らない、後輩の男の子だった。

「もしかして、『こいつ、先輩のこと気になってるみたいなんすよ』とかって言って、恥ずかしがりな後輩女子を紹介してくれるのでは……⁉」

僕はヘビメタのドラム級にドンドン鳴りだした心臓を押さえながら、その部屋に向かった。鼻毛切ってくればよかった……。

待ち受けていた後輩を目の前に、緊張して手に汗をかいていたら、

「先輩、うちの会社の経営に興味ありませんか」と切り出された。

技術に詳しい彼とその仲間たちは親から借金をして会社を立ち上げ、企業のウェブサイトをつくったり、そのウェブ上で買い物ができるシステムをつくったりしていた。驚いたことに、その会社はちゃんと数百万の売上をあげていた。駅前マンションは彼らのオフィスで、僕はそこへ呼ばれたというわけだ。彼は事情を説明した。

「自分もそうですが、いまのメンバーのほとんどは技術系の人間だから、営業とかマネジメントといった部分には不安があるんです。だから、マネジメントに強そうな人

に入ってもらって、経営を担《にな》ってもらいたいんです」

そうすることで彼ら自身はもっと特殊な技術を磨いて、その分野では誰にも負けない力を持ちたい、という話だった。

マネジメントに強そう。そんな勝手な勘違いをしてくれて声をかけられたわけだが、それまで映画サークルを立ち上げたり、学生団体を立ち上げたりした経験はあったものの、企業の経営なんて、もちろんやったことがなかった。それに、ITに強い大学にいるくせに、僕は彼らと違ってプログラミングはおろか自分のホームページも満足につくれないくらいのIT音痴《おんち》だった。

でも、惹かれた。「企業を経営する」という響きには、僕を引き寄せる何かがあった。それはまるで、クラスの窓際の席にいるひそかに好きな女の子の名前みたいに、その語感だけで僕の胸を高鳴らせたのだ。考えはじめると、もう落ち着かない。

「うん、やるよ」

そうしてよく検討しないまま、僕はいきなり経営陣の一人として入社した。

■大人と肩を並べて

学生ITベンチャーに参画し、しばらく営業を手伝いながら会社の全体像をつかんだようで、僕は社長に就任した。

株式会社〇〇　代表取締役社長　駒崎弘樹

そう記された名刺を手に、仕事に邁進《まいしん》する日々。とはいえ、最初は完全に、ハッタリの連続だった。

たとえば、初めてシステムが売れたとき、「じゃあ契約書を交わしましょう」と言ってもらえたのに、逆に思いっきり焦ってしまった。

「けけけ、契約書ってどうやってつくるの⁉」

たとえば、ビジネスメール。そんなもの書いたことがないから、相手のメールの言い回しを適当に真似する。

「お世話になっております、株式会社○○の駒崎です」

（このまえ初めて会ったのに、お世話になっておりますってなんだよ？）

「表題の件、かしこまりました」

（表題、ってなんだろう？）

「取り急ぎ」

（急いでないけど）

と、自分に突っ込みを入れながら送信。

そんなこんなで、最初はもう何がなんだかわからないけど、とにかく形から入っていった。僕は経営学を専攻していたが、大学で勉強する経営学が、いきなりビジネスの役に立つわけではない。本当にこの時期の自分には何もなかった。

でも、そうこうしているうちに、だんだん慣れてきて、売上もあがるようになってきた。自分の取ってきた仕事で何百万と銀行残高が増えるたび、ボーリング場でストライクを取ったときの音楽が鳴り響き、バドガールでも出てきてほっぺたに口紅をつけてくれそうな気がした。大企業の分厚い机が円状に並ぶ会議室、偉い人の前でプレゼンテーションをして大きな仕事を取れたりすると、クラスのみんながリトルリーグで練習しているときに、監督から一人だけ呼ばれて中学生のチームに混ぜてもらえた小学生みたいな気分になったものだった。

■目指せ株式公開

やがて起業家の先輩方とも交流するようになった。だいたい彼らは、髪が長くて、まだ二十代後半だ。それに加えて彼らは本当に猛烈に働く人々で、「病気で、働くホルモンが出つづけちゃっていて制御が利かないんだ」と嘘を言われても、思わず僕は信じてしまうような人たちだった。そしていつも「これから」に想いをはせていた。

「これからは中国が来る」

「これからは携帯だ」

「これからは……」

次々に将来の話をする彼らについていくのが精一杯の僕は、彼らが頻繁に「IP

O」という言葉を使うことに気がついた。

パソコンのケーブルだらけの会議室のなかで、「すいません、IPOって、なんでしょうか」と聞くと、彼らは唖然とした表情になった。

「君さ、ナンセンスじゃん。IPO知らないで、なんでベンチャーやってんの。IPOって言ったらさ、株式公開のことだよ。っていうか、上場だね。簡単に言うとさ、俺たちが持っている株が、キャピタリスト（投資会社の人）とかインベスター（投資家）とかに高く売れるようになるわけ。そうすると、俺たちはものすごい金持ちになれるんだよ。会社も、銀行から借りなくても、株と交換でキャッシュ（現金）が入ってくるから、会社のキャッシュフロー（資金繰り）が楽になるじゃん？　しかも上場企業っていうのは、ブランドなんだよ。信用力。そこらへんの中小企業のおっさんとは違うわけよ。上場企業の社長なんてあんまりいないし、しかも二十代、三十代、っていうとさらに少ないわけ。もし君の会社が上場したら、そのときに初めて、『成功した』って言えるんじゃないかなあ。うん」

実際、当時は多くの新興ITベンチャーが株式公開して、創業者の青年社長が数十億円もの資産を持つような大金持ちになることもあった。若い社長たちは芸能人やモデルたちとの華やかな交友関係を持っていたし、マスコミにもバンバン出ていた。

■自分はヒルズ族になりたいのか?

いまに自分もああなってやるぞ。

と、僕が出会った先輩たちは同年代の成功者たちにライバル意識を燃やしていて、そのなかには実際にIPOの準備を始める会社もあった。

僕も、そうした先輩たちを目の当たりにするうちに、柄にもなく、少しずつ考えるようになった。

「自分は会社をどうしていきたいのだろう。自分はどうなっていきたいのだろう」と。

六本木ヒルズにオフィスとマンションを構えて、そこでモデルを集めてパーティーがしたいのか。外車を買って助手席に美女を乗せ、首都高を爆走したいのか。

考えてみる。生まれたときから団地に住んでいた自分にとって、マンションはたんに、住む場所にすぎない。地上何十階からの眺めや夜景も、時間がたてば当然のものになって、どうでもよくなるだろう。僕は団地の最上階に住んでいたが、鳩が巣をつくって大変なだけだった。クルルルルルルルルルル、と休みなく鳴いて、本当に神経に障る。車庫入れが下手だから、大きな図体の外車は、興味がないどころか、お金をもらっても欲しくなかった。

もちろんモテるのは嬉しい。死ぬ前に一度、「モテてモテてしょうがない」という状態を十五分でいいから体験してみたい。なんでもかなえてくれる猫型ロボットに泣きつけるとしたら、「モテる光線を浴びせてくれ」と躊躇《ちゆうちよ》なく依頼するだろう。だが、お金があるときだけモテるという現実も酷だし、それだったらいまのままでいい。

「株式公開はブランドになる」と言っても、僕自身、先月公開した企業を知っているかといえば、一つも知らなかった。

「ＩＰＯを目指して頑張ろう」とみんなが言う。

でも、それが目標なんだろうか。なんだか、よくわからない。

起業家の先輩方の「これからは〇〇だ」という会話にも、違和感がぶくぶくと膨らんでコップからあふれるようになってきた。

彼らは、盛り上がりそうなところを見つけて、そこに飛び込んでいく。中国がお金になりそうなら、中国に。携帯がお金になりそうなら、携帯に。お金になるところに羽虫のようにブンブン群がるのは、ビジネスだから、ある意味では当然だ。しかし、ビジネスというのは本来、手段であるはずだ。目的は、誰かが満足したり、足りないところが埋まったり、困っていることが解消されたり、そういったことではないのだろうか。

先を行く起業家の方々と話せば話すほど、よくわからなくなってきた。

そして、僕が抱いた疑問の矛先は、彼らに対してだけでなく、自分たちにも向くようになる。

技術担当の共同経営者と意見が合わなくなった。

「コマさん（というのが僕の呼び名だ）、技術開発をしてイノベーティブ（革新的）な製品をつくって、それで競争優位になっていかないとダメなんです」

「それはわかってるよ。でも、いったい誰のためのイノベーション（技術革新）なん

「いや、技術開発していくなかで、コアな技術が出てくるわけで、誰かのため、とかニーズ中心で考えていたら斬新な技術は出てきませんよ。インターネットだって誰かのニーズから生まれたわけじゃないし、グーグル（Google）だって、ヤフー（Yahoo!）の検索エンジンでも十分だったところを、強い技術力で打ち負かしていったんですから」

おそらく、技術系ネットベンチャーを経営していくうえでは、彼の言っていることが正しいのだろう。実際彼は天才的と言っていいほどの技術者で、僕はそんな彼を頼もしい相棒として信頼していたし、彼とともに世の中に新しいものを仕掛けていければいいと思っていた。しかし、誰のためのイノベーションなんだ？　その考えは、僕の胸底にこびりついて取れなかった。

考えれば考えるほど、自分のやっている事業の意味が、よくわからなくなってきてしまった。迷いは態度に表れる。それまで一日十五時間働いても平気だったのに、急にゴムみたいによく疲れるようになってきた。

社員は僕の変化を敏感に感じ取る。社員に車で自宅まで送ってもらったある日、車を降りると、運転席の社員がドア越しに上目遣いで僕を見て言った。

「コマさん、モチベーション下がってませんか」

「まさか……」と笑ったが、図星もいいところだった。

これではいけない。自分のなかできちんと整理しなければ。そう思い、入社以来初めて休みを二、三日とって、山梨の山奥に逃げ込んだ。携帯電話の電波も届きそうにない、小さな温泉めがけて。

■温泉で体育座りして自己対話

温泉に着いた。浴衣を着た。温泉に入った。ビールを一杯飲んだ。

そして、やることがなくなった。

体育座りをして、大学ノートを開いた。いつもはノート型パソコンだから、ノートを開くのは久しぶりだ。

畳の部屋の真ん中にこげ茶色の柱があり、そこに寄りかかって、思い浮かんだ言葉をノートに書きつけてみた。

「自分は何がしたいのか」
「いまの何が嫌なのか」
「どんなふうになりたいのか」

ペンが進まない。コンコンとノートを叩いていると、半ページにわたってボールペンのブツブツができて、しまいには似顔絵が出てきた。ダメだ。最初から答えなんて出てこない。思いついたこと、思考の流れを自由にメモしていこう。そのうち大切なものが見つかるかもしれない。いつしか僕は、自分がこれまで歩いてきた道を振り返っていた。

■「失われた十年」に青春時代を過ごした世代の社会観

小さいころ。小さいころは何がしたかったんだっけ。「何になりたいか」を真剣に考える前に、中学校受験をしていた気がする。当時は私立中学校を受験する小学生の数がピークで、有名学習塾の四谷大塚でトップの子が、クイズ番組で芸能人を簡単に打ち負かしていた。

当時の塾の講師は、「必勝」ハチマキを巻いた僕たちに、腕まくりで板書しながら力説していた。

「君たちはこれから中高一貫の学校の入試をクリアする。いい学校に行けば、当然いい大学に進むだろう。いい大学に進むと、いい会社に就職できる。いい会社に行くといい生活ができる。だからこそ、いまが頑張りどきなんだ。いま頑張れば、あとがものすごく楽なんだ」

そうして僕たちは鶴亀算やら旅人算やら白地図やらサヤエンドウの断面図やらを勉強して、私立の中学校に入っていった。

「私立の中学校に入れば、人生もう決まったも同然だ」と塾の先生は言っていたが、それは違った。

中学最後の冬、阪神淡路大震災*1があり、十三歳年の離れている一番上の姉が被災した。東灘区のマンションに住み、外資系の消費財メーカーに勤める高給取りの姉は、地震の最中に死を覚悟して、揺れているあいだ僕たち家族のことを考えていたそうだ。

マンションは倒れこそしなかったものの、なかはぐちゃぐちゃ、ベランダにあった室外機がリビングに転がってきたくらいだった。姉は命からがら避難したが、クレジットカードは役に立たず、遠くまで歩ける足だけが頼りになった。

高校生になる直前、地下鉄にカタカナの名前の殺人ガスが撒《ま》かれる事件が起きた。[*2]

その日、親友の岩澤くんがいつまでたっても春休みの講習に現れなかった。一限が終わっても来ないので、僕たちは心配になった。たしか岩澤くんは地下鉄で通学している。もし、あの被害者のなかに彼が混じっていたら、どうしよう。僕たちはパニックになって、「おい、どうしようどうしよう。先生に言ってみよう。でも先生に言ってどうなるんだよ。でも……」と話していた。

そして岩澤くんがひょっこり、「寝坊しちゃったよ」と顔を出したときは、みんなで彼を抱きしめた。岩澤くんは何がなんだかわからない、という顔で笑っていた。

高校の先生は、「おまえたちは早慶上智は当たり前。もちろん東大に行くんだ」と力説していたが、そういう大学に行ったやつらがサリンを撒いたのだ。岩澤くんが遅刻してなかったら、彼らは岩澤くんを殺していた。

当時はブルセラブームと言われ、女子高生の下着が商品として流通する時代になっていて、やがて「援助交際」という言葉も生まれた。そういう、奇妙で混乱した時代だった。違う高校に通う女友達が「おじさんに声かけられてカラオケに一緒に行ったら三万円もらった」となんでもないことのように言う。その手のなかの名刺には、誰でも聞いたことがあるような会社の名前が書いてあったりした。

それにリストラブームというのもあった。友達のお父さんが会社をクビになったりしたし、学校に来なくなってしまったやつもいた。私立の中高一貫の学校に通うみんなの親父は、それなりに「いい会社」に勤めていたと思うのだけれど。

いい学校に行って、いい大学に入ると、いい会社に勤められて、いい人生が送れる。

そんなの嘘じゃないか。

塾の先生、あなたは間違っている。学校の先生、あなたの言っていることには残念ながら納得できない。いい大学に行っても意味なく虐殺に参加するやつがいるし、いい会社に行っても当たり前みたいに職がなくなるし、職がなくならなくても自分の娘くらいの女子高生にお金払って一緒にカラオケ行くようになったら、そんな人生終わってる。

全部嘘じゃないか。嘘ばっかりだ。

そう考えると、将来どうすればいいのか、よくわからなかった。だからクラスメートに相談した。「特進クラス」とかいう、それなりに「優秀」だと言われるやつらに。すると彼らは言葉を返す。

「駒崎、そんなことより予備校はどこにするの？　駿台と河合でどっちがいいか、わりと迷うよね」

迷わねえよ。

ダメだ。ここは自分のいるべき場所ではない。かといってどこに行ったらいいかはわからない。

十三歳年の離れた神戸の姉に相談した。

「ぐだぐだ言ってないで、そのレールから降りてみなさいよ」

「でも、どうやって？　学校やめる、とか言ったらお母さんに殺されちゃうよ」

「じゃあ留学でもすれば？　少なくとも、狭くて窒息しそうなあんたの環境よりも、広い世界が見られるよ」


留学。そんなことは思いつかなかった。いまのようにインターネットがそんなにメジャーではなかった時代。僕は一〇四に電話して、文部省の電話番号を聞いた。文部省でいくつか窓口を回されたあと、優しい声のお姉さんが電話に出てくれた。

「留学なさりたいのでしたら、留学先を斡旋してくれる留学機関に連絡をとってみるといいですよ」

「でも、僕の家はそんなに裕福じゃないので、そのなんていうか、お金ってどうなんですか」

「そうですね。留学機関には奨学金という制度があるところもあって、よかったら奨学金付きの留学プログラムを持っている留学機関のリストをお送りしますよ」


ありがとうございます、お姉さん。

数日後、僕はお姉さんの香水の匂いがいまにもしてきそうなリストを丁寧に見た。

どれも応募の締め切りを過ぎてしまっていたが、一つだけ、その日が締め切りのところがあった。

僕は学ランのまま、浜松町にあるその団体のビルまで行き、「郵送でお申し込みください、と書いてあるのに、直接来たのはあなたが初めてよ」と言われながら申込用紙を書いた。

数週間後に試験があった。そしてその数日後、合格通知が自宅に届いた。

ところが、合格通知を見て、親が激怒した。

「アメリカなんて行ったら、殺される！」

当時、アメリカに留学していた服部くんという高校生が、ハロウィンの日に一般人に銃殺された[*3]ことから、アメリカの治安への印象は最悪だったのだ。

それにしても「アメリカ＝銃社会＝殺される」、というような単純な思考回路にあきれ、情けないやらばからしいやらで、怒鳴りあいの喧嘩《けんか》になった。親は「金は出さん」の一点張り。いくら奨学金がとれて大幅に費用が安くなったとはいえ、お金はかかる。財布を持っているほうがつねに強い。こればかりは「あのおもちゃ買って」というスケールの話ではない。敗北が見えはじめたとき、神戸の姉から電話がかかってきた。

「パパ、ママ、アメリカ行くくらいで、ガタガタ言わないでよ。お金がない？　嘘言いなさい。いいわよ。そんなこと言うんだったら、私が出すわよ。これで文句ないでしょ？」

姉の一言で僕の留学は決まった。

「世の親という人種の言うことは、話半分で聞きましょう」と知ったのはこのときだ。けれど彼らの気持ちは本物なので、子どもたちはその愛だけを笑顔で受け取るべきなのだろう。

＊1　一九九五年一月十七日に発生したマグニチュード七・三の大地震。兵庫県を中心に大きな被害をもたらした。復興にあたって三カ月間で延べ一〇〇万人以上がボランティア活動に参加、この日を内閣は「防災とボランティアの日」と定めている。

＊2　地下鉄サリン事件。一九九五年三月二十日、東京都の地下鉄車内でカルト教団オウム真理教によって神経ガス・サリンが散布され、乗客や駅員ら十三人が死亡。一般市民に対して化学兵器が使われた無差別テロ事件として、全世界に衝撃を与えた。教団の幹部に高学歴の若者が名を連ねていたことも注目された。

＊3　一九九二年、アメリカのルイジアナ州に留学中だった服部剛丈氏（当時十六歳）が、ハロウィンで民家を訪問した際、間違えて別の家に入ってしまい、侵入者とみなされ射殺された。

■個人主義の国アメリカの共同体主義

人生には、その当時の自分が感じた以上に強い影響を、後々まで与える事件や体験がある。これを僕は「人生のボディブロー」と呼んでいる。僕が二十三歳からNPOの経営者をすることになったのも、このボディブローを無視しては語れないだろう。

自由の国アメリカ。そんな使い古された言葉も、ワシントン州のパスコ空港に降り立ったときには実感を持って感じられた。三六〇度に地平線が見えた。遮《さえぎ》るもののない風景なんて、日本で目にすることはなかった。

地球が球であることを生まれて初めて体で感じたそのとき、言いようのない解放感がこみ上げてきた。そして、げらげらと大笑いした。ざまあみろ、俺はアメリカにいる。狭苦しい日本なんて、この地平線の向こうだ。

空港から車で数時間、僕の留学先は摩天楼そびえ立つメトロポリタン、ではなく、人口五〇〇〇人ほどの小さな村だった。日本人が一人もいないどころか、ヒスパニックが人口の六割を占めていて、アメリカではなく間違ってメキシコに来てしまったのかと目を疑った。

ホストファミリーは感じのよさそうな白人家庭。これはイメージどおりだ。朝食、いやブレックファーストも、パンとミルクとサラダ、とアメリカっぽい。時差ぼけがなかなか直らなかった僕は、和気《わき》藹々《あいあい》としているホストファミリーに笑顔で尋ねた。

「コーヒーをいただいてもよろしいでしょうか」

その瞬間、アメリカ人たちから笑顔が失われた。砂場でコップの水をこぼしたときのように、シュウと音がしたような気がした。

「いまなんて言ったの、ヒローキー?」

僕は自分の発音が悪かったのだと思い、今度はよりはっきりと、大きな声で繰り返した。

「コーヒーをいただけないでしょうか? 私はとても眠いのです」

するを彼らは馬に乗ったインディアンに襲撃されたような顔をして、早口でまくしたてた。

「コーヒーなんて、ダメよ！　うちはコーヒーは飲まないの！　コーヒーは邪悪な飲みものよ！」

僕はそのときまで知らなかったのだが、僕を受け入れてくれたホストファミリーは、モルモン教という、キリスト教のなかでも最も戒律の厳しい宗派の敬虔な信仰者だった。

「コーヒー・紅茶・お茶、全部カフェインが入っているから、あなたは飲んではダメ。お酒も私たちは飲まないの。タバコなんて発音するのも嫌な言葉だわ。デートは十六歳からならＯＫ。でも結婚前のセックスは禁止よ。これは全部創立者ジョセフ・スミスの教えなの」

勘弁してくれ、ジョセフ。

自由の国アメリカは、時差ぼけも直っていないうちから、ガラガラと崩れはじめた。首筋に巻きつくような暑苦しい重力を振り切って大気圏を脱出したと思ったら、もっと大きな星の重力につかまった人工衛星みたいだった。

ホストの家にはテレビもなく、アメリカに行ったらMTVを好きなだけ見られると思っていた僕は、すぐに時間をもてあました。

「ヒローキー、チャーチに行こう」

暇そうな僕は、村の教会に連れていかれた。モルモン教には牧師はいなかったが、ふつうの住民が、日々の出来事のなかから信仰につながるような話を語り合っていた。それだけではなく、ティーンエイジャー専用のクラスがあり、いじめや学校の人間関係に関して話し合っていた。移民のために、彼らの言語で教えを受けられるクラスもあった。

僕やホストブラザー、その友達は、教会の奉仕活動で一緒になり、付近のごみ拾いやら何やらに駆り出されるなかで顔見知りになっていった。教会が地域の人たちを結びつける回路のようになっている。そのため教会はオープンな雰囲気に満ちていて、異分子である僕にもずいぶんフレンドリーな場だった。

教会だけでなく、人も温かかった。

ある雪の降る日のことだ。ワシントン州はカナダとの国境に面していて、日本でいえば東北地方みたいなもの。雪が自分の身長よりも高く積もり、放っておくと雪に閉じ込められて家から一歩も出られなくなる。そこで、若者が自分の家の玄関から家の前の通りまでの五メートルくらいのあいだを、ショベルを持って雪かきするのだ。

東京生まれ東京育ちの僕にとって、異国の雪は冷たい。手袋をつけても凍傷になりそうだ。それに比べてホストブラザーのデイビッドは、クラスで一番可愛いレイチェルの話をしながらリズミカルに雪を押しのけていく。

「レイチェルは俺が知っているなかでもいちばんクールな子の一人さ。胸の大きさでもオセロ村で一、二を争うんじゃないかな。なあ、そうだろ、ブラザー」

やっとこさ家の玄関からストリートまでを開通させてぐったりしていると、デイビッドが二軒隣の家の前の雪を、同じように押しのけはじめた。

「おいデイビッド、何してるんだよ。そこは俺たちの家じゃないだろう？」

僕が雪の上にべったり座りながら呼びかけると、

「ここのムーアさんは一人暮らしのお婆ちゃんで、足が悪いから雪かきができないんだ。俺たちがやらなくちゃ、ほかに誰かいるのかい？」

と、さも当たり前のように答えた。

さっきまで女の子の話をしていたのに、自分とたいして年も変わらない同年代のやつが、当然のように地域に貢献している！

ほっぺたを真っ赤にさせている青い目のホストブラザーに、僕は軽い嫉妬と羨望《せんぼう》を覚えた。

■異国で見る母国の哀しさ

自分のなかで日本というものを強く意識するようになったのも、東京から何千マイルも離れたこのオセロ村のせいだった。

「ヒローキー、日本とタイワンとホンコンは、どう違うんだい？」

「ヒローキー、新聞で日本の少年が、子どもの首を切って捨てた、*って書いてあったけど、日本は安全な国じゃなかったのか」

「ヒローキー、折り紙にはどういう意味があるの？」

村で唯一の日本人を珍しがって、会う人会う人が僕に質問してくる。それまで「日本人であること」を明確に意識する機会はなかったけれど、毎日毎日の質問攻めで、嫌でも意識せざるをえなくなってきた。

アメリカから見る日本の姿。それは、高性能の日本車がどんどん故障していくような有様だった。新聞では、かつての日本脅威論はなりをひそめ、不況の後遺症に喘《あえ》いでいる様子や、少年少女の異様な犯罪を書き立てる記事がいくつも見られた。

異国で見る母国は哀しかった。かつてはその圧迫感といい、永遠のように繰り返される同じような日々といい、蒸し暑い巨大なビルのような威容を誇っていたはずの日本社会が、安っぽいラブホテルのように汚物まみれになっている。外国人の記者による「過去の国」という落書きが、そのラブホテルの壁一面にスプレーされている。

複雑な気持ちになった。家で威張っている大嫌いな父親を街で見かけたら、不良たちにボコボコに殴られていて、それを遠巻きで眺めているような……。

この妙な気持ちは、なんなのだろう。

結局は、こういうことかもしれない。僕は間違いなく日本人で、そこからは逃げ出すことなんてできない。日本人が一人もいない、東京から何千マイルも離れたところにいたとしても、僕のなかには、母国を、退屈で狭苦しい日本を、愛する気持ちがたしかにあって、それを拭《ぬぐ》い去ることはできないのだ。

それから僕は、留学生活を極端に頑張るようになった。周りの人々にとっては、僕は初めて見る日本人であり、僕こそが日本なのだ。僕がどうしようもないやつならば、「日本人＝ファックな人々」となってしまう。そんなことは我慢ならない。勘違いもいいところだが、そのころの僕は日本を背負っていた。

「リメンバー・パールハーバー」と何度も繰り返される歴史の授業では、「大恐慌を切り抜けるために戦争経済を利用したアメリカ」について議論した。内気なアジア人、というレッテルを貼られるのが嫌で、ダンスパーティーでは狂ったように踊ってアメリカ人を驚かせた。

日本のために自分は何ができるのか。日本にいたときには絶対に考えなかったようなことを、生真面目に考えている僕がいた。

＊一九九七年に兵庫県神戸市で起きた連続児童殺傷事件。複数の小学生が当時十四歳の中学生の少年により殺害された。加害者が犯行声明文で用いた偽名から「酒鬼薔薇聖斗事件」とも呼ばれる。

■「社会の役に立ちたい」なんて

温泉で体育座りをしながら、大学ノートに留学時代の思いを書き連ね、僕はしだいに自分のしたかったことに近づいているような気がしていた。しかし、それを言葉にしてしまうのは恐怖だった。相当、恥ずかしい言葉になってしまいそうな気がする。

窓を見ると、冬の透き通った陽光が差し込んでいる。電気はつけていなかったが、その光だけで部屋のなかが不思議と明るい。陽光に照らされた埃《ほこり》が静かに舞い、音一つないあたりの静寂を強調している。

日本のために、日本社会のために頑張っていたあのころは悪くなかった。それが途方もない勘違いだったとしても、僕は意味とともに生きることができた。この小さな村で行う小さな行為が、必ずどこか、より大きなものへとつながっているという感覚とともに、生きられた。

日本社会の役に立ちたい。

ノートにその言葉が記されたとき、僕は誰もいないにもかかわらず周りをきょろきょろ見回した。まるで自分が書いた字ではないような気がした。すぐに斜線を引いて黒く塗りつぶしたが、また同じ言葉をその下に書いてみた。

日本社会の役に立ちたい。

なんてこった。自分がこんなことを思っていたなんて。こんな恥ずかしいセリフが自分のなかのどこかに住んでいたなんて。こんなことを僕が言い出したら、みんなはなんと言うだろう。「中学生日記」に出てくる学級委員みたいなやつが作文で書きそうな言葉だ。ああ、どうしよう。僕は実は「中学生日記」だったんだ。人間NHKだったんだ。

もう一度自分の書いた言葉を見た。迷いなくそこに寝そべっている言葉を、僕は汗をかいて狼狽《ろうばい》しながら、にらみつけた。

■社会の役に立てるのは、政治家？　官僚？　ボランティア？

自分はいま、ボクシングのリングに立っている。スポットライトの光を浴びて汗が沸騰するようだ。対戦相手は、自分がいままで気づきもしなかった自分自身。妙にすました顔で「社会の役に立ちたい」などと語る、恥ずかしい野郎だ。

僕は彼に対して殴りかかる。

「何が社会の役に立ちたい、だ。ITベンチャーをやっているいまだって社会の役に立っているじゃないか。経済活動がなければ、資本主義は回らない。金を稼いで何が悪い。儲けることが悪ならば、社会主義国でパン屋に並べ」

対戦相手であるもう一人の自分は、僕のストレートパンチをひらりと外側にかわし、僕の視界の端からボディブローを入れてくる。

「儲けることはもちろん悪ではない。資本主義も、現状の世界では最もましなシステムだ。でも、たとえば資本主義がカジノのルーレットのようなボードゲームで、それにみんなが参加しているのだとしたら、そのゲームを支えるテーブルが必要なはずだ。オセロ村のはずれの地域を覚えているだろ？　メキシコ人たちがバラックのようなものを建てていたが、そこにはコンビニもスーパーマーケットもなかった。店を出すと頻繁にものが盗まれるし、まともな従業員を雇えないからだ、とホストファザーは言っていた。商売が成り立たなかったから、その地域はずっと貧しいままだった。

つまりテーブルは、たとえば外を安全に歩けるということであり、みんなが学校に行くことができ、文字が読めて、働く意欲があるということであり、病気になったら病院に行けることであり、年をとっても孤独ではないということなのだ。

資本主義は経済活動だけでは成立しない。その下にしっかりと機能する社会があって、資本主義が成立し、社会のほうにもその潤いが還元される。だとしたら、資本主義が回るためにも、社会がいいものであるように、誰かがそこに関与すべきじゃないのか」


僕はクリンチをして対戦相手に組み付き、ぜいぜいと息を整えた。減らず口ばかりたたきやがる。僕は離れ際、アッパーを打って反撃を試みる。

「偽善だ。おまえは偽善者だ。エロビデオを借りようとレンタルビデオ屋に行ったらクラスの可愛い子がバイトしていて、思わず『戦争と平和』を借りるような、その程度の俗物であることは知っているんだ。そんなおまえが『社会のために』だって？ 嘘くさいんだよ！」


アッパーカットはブロックされ、ガードが空いた僕は右フックを入れられた。

「ああ、俺もおまえも俗物だ。見栄っ張りで、プライドの高い、どうしようもない人間だ。だがおまえは自分のやっているビジネスに違和感を覚えている一方で、社会の役に立っていたと自分で信じられていたころに、限りない幸せを感じている。それは認めろ。他人がどう思うか、なんて関係ない！　他人がおまえを見てヒソヒソと悪口を言うのが怖くて、俺と向き合うことから逃げるのか？　そんなおまえは、エロビデオを借りる俺よりもずっと格好悪い。おまえは俺を偽善者だと言う。でも俺は自分が善人だとは一言も言っていない。むしろ俗物でいい。俗物が社会をよくしたいと考えることは、おかしなことか？　ばかな。おまえが聖人である必要はまったくない。俗物の行動の結果でも、それが世の中のためになれば、それでいいじゃないか！」

僕は一瞬よろけて、しっかり立とうと踏ん張ったが、背中がマットに吸い込まれ、倒れていた。ゴングがテンカウントを数えはじめていた。

まぶしいリングライトが向こうに見える。

たしかに、僕は自分がどう思うかの前に、他人がどう思うかを考えてしまう。社会の役に立ちたい、なんて青くさいことを僕が言い出したときに、あの人とあの子とあいつはどう思うだろう、というように。

ただもう一人の僕が言うとおり、他人がどう思うかは一番大切なことではない。僕は他人の評価の奴隷ではないからだ。彼らがどうあれ、「僕が何をしたいのか」から逃げてはいけない。

だけど、たとえば、僕が社会の役に立つ仕事をしようと決意したとする。その場合、僕は具体的にどういう職業につけばいいのだろう。

あお向けに倒れている僕を上から見下ろすように、背広を着た恰幅のいい中年の男性が右手から現れて、「政治家です」と言って、ぐっふっふと笑った。

僕は顔をしかめる。小さいころから、リクルート事件[*1]、佐川急便事件[*2]、ゼネコン汚職[*3]と政治家の汚職事件は引きもきらない。

「ちょっと違うな」と僕がつぶやくと、今度は眼鏡をかけて髪を七三に分けた痩せたスーツのおじさんが、左手から出てきた。

「官僚です」

そう言って眼鏡の位置を直す。僕は顔をしかめる。高校時代、「ノーパンしゃぶしゃぶ事件[*4]」という世にもくだらない官僚の不祥事があり、そのイメージしかない。

「それも違うな」と僕がつぶやくと、今度は足元のほうから、よれよれのTシャツを着た笑顔のおじさんが出てきた。

「ボランティアです」

彼は明るく大きな声で叫んだ。僕はふたたび顔をしかめる。これを職業にしたら、どうやって食べていくのか。

「やっぱり違うな」とつぶやくと、テンカウントが打ち鳴らされた。ノックアウトだった。

＊1　一九八八年に発覚した贈収賄事件。株式会社リクルートの関連会社リクルート・コスモスの未公開株が、賄賂として多数の政治家に譲渡されていた。

＊2　一九九二年に発覚。東京佐川急便から自民党の政治家・金丸信が五億円の闇献金を受け取っていたことが明らかになり、渡辺広康社長らは逮捕、金丸は議員辞職に追い込まれた。

＊3　一九九三年に発覚した政財癒着の汚職事件。ゼネコン（総合建設業者）各社からの政界への贈賄が判明し、中村喜四郎建設相ら四名の政治家が逮捕された。

＊4　ノーパンしゃぶしゃぶ店とは、女性店員が下着を着用せずミニスカートをはいて料理を運ぶ一種の風俗店。一九九八年に当時の大蔵省の官僚らが銀行のMOF担（大蔵省担当）と呼ばれる行員からこうした店で接待を受けていたことが暴露され問題となった。

第2章　「社会を変える仕事」との出会い

■アメリカのNPOにはCEOがいた！

「社会の役に立ちたい」という自分の隠れた欲求に気づいたものの、そのためにはどうすればいいのかはわからず、僕は袋小路に入ってしまった。

この日本では自分に合うような職業はないのだろうか。だとしたら、アメリカではどうなのだろう。オセロ村のデイビッドだったら、どういう選択肢があるのだろうか。

小さな温泉宿を出て、浴衣のまま温泉街を歩いた。少し大きめのホテルを見つけて入り、パソコンの置いてある部屋に直行した。

太っちょの旧型ディスプレイのデスクトップパソコンに向かい、インターネットの検索画面でいくつかの語句を叩いた。英語で、社会・問題・解決策・職業などのキーワードを入れていると、アメリカのNPOのウェブに行き着いた。

「NPO」、Not-for-Profit Organization（非営利団体）。

大学の授業で聞いたことはあった。阪神大震災において自治体の機能が麻痺《まひ》しているときに、民間の有志の人たちが物資提供や被災地での炊き出しなどを行う活動が生まれた。その後、そうした社会的なサポートを担う組織の必要性が認識されるとともに、NPO法人という組織形態が生まれ、日本でも爆発的に増加した。しかし僕にとっては、増えつつあるNPOもボランティア団体と同じような存在だった。それを職業にする、という類のものではない。

ともかく、僕は検索画面の表示をクリックし、そのNPOのウェブサイトを訪れてみた。そして言葉を失った。

一瞬信じられなかった。そのアメリカのNPOのウェブサイトは、ウェブを作成する僕たちのITベンチャーのサイトよりも、格好よかったのだ。

プライドが踏みにじられる思いだった。当時、僕のなかではNPOはボランティア団体の延長にすぎず、それこそ素人が汚い格好をして汗をかきながら頑張っています！　というイメージだった。そんな人たちに、時代の最先端をひた走る僕たちが敗北するなんて、そんなことはありえない！

僕はマウスをぶっ叩いて、そのウェブの奥に進んだ。団体の役員を紹介するページ。そこにはさらに目を疑う言葉があった。

CEO

シ、CEO……! そんなばかな。CEOといえば、おもにITベンチャーで使われていた「社長」に代わる言葉だ。意味は、「最高経営責任者」。エ、NPOが経営? しかもCEOの下には「マーケティング・ディレクター」と称する人も名を連ねていた。マ、マーケティングって、あの広告出したり市場調査したりすることでしょ? なんでNPOなのにマーケティング担当者がいるんだ?

僕は前かがみになって、ネットでアメリカのNPO事情を調べまくった。久しぶりに英語を読んでいると頭痛がしてきたが、構わず突き進んだ。すると、興味深い事実が見えてきた。

■ 事業化するNPOたち

アメリカでも一九七〇年代まではNPOのあり方は今の日本と変わらず、どちらかといえばボランティア団体に近いような形態の組織が大部分を占めていた。その様相が一変するのは一九八一年にロナルド・レーガン（第四〇代大統領、八九年まで在任）が大統領になってからだと言う。

自由主義者のレーガンは「小さな政府」路線*を選択し、それまでNPOに出されていた政府からの補助金を次々にカットしていった。国からの補助金で成り立っていたNPOは運営が行き詰まり、倒産する団体も出てきた。このことに危機感を募らせたNPOのなかに、経済的自立を果たすためにビジネスセクターから人材やノウハウを引っ張ってくる動きが生じた。限られた経営資源をうまく使って効果を最大化させる、というまさに純然たる経営を余儀なくされる状況になってきたのだ。

ビジネス界からの人材やノウハウの流入は、それまでの「運動によって社会問題を解決する」という姿勢から、「事業によって社会問題を解決する」方向へと多くのNPOたちをシフトさせていった。そうして「NPOからソーシャルエンタープライズ（社会的企業）もしくはソーシャルベンチャー（社会問題解決型ベンチャー企業）へ」という体質転換がもたらされたのだという。

パソコンの青白い光が、神から放たれた祝福の光のように僕に降り注いだ。これだ。運動ではなく、事業によって社会問題を解決する社会起業家。これならば、二年のあいだ会社経営に身を費やしてきた僕にもできる、いや僕だからこそできる「日本社会の役に立つ」方法ではないだろうか。

立ち上がって全速力で駆け出した。

見つけた。これだ。

いつの間にか帯が取れ、浴衣の前がはだけてパンツだけで全速力で走っていた。温泉街は灯《あかり》がぽつぽつとあるだけで薄暗いベールが降りていたが、自分がいま走っている道の少し先の角を全速力で曲がったら、そこにあるまばゆい光の玉にぶつかるような、そんな気さえしたのだった。

＊中央集権を否定し、連邦政府の権力を最小限に留める考え方。州政府への権限委譲、連邦補助金の削減を基調とし、一般に財政支出を抑制する（公共事業や補助金、福祉財源の削減など）考え方として捉えられる。

■子どもを看病したら、クビになった

その晩はよく眠れず、朝方に旅館を出発し、湘南の家に向かった。BGMにエアロスミスの『I don't want to miss a thing（後悔したくない）』を爆音で流し、車内をいいことに大声で歌う。一般道に入って渋滞にも飽きたので、当時の恋人に携帯から電話をして僕の大発見について矢継ぎ早に語った。

彼女は僕のテンションに戸惑いを見せた声で言った。

「社会の問題を事業で解決する、っていうのはわかったけど……、ヒロキの取り組む問題って、何？　環境問題？　それともホームレスの問題？」

携帯電話から冷たい水鉄砲が噴射されたようだった。たしかに僕の発見は、行く先がどの方向かは示してくれていたが、どの道を行くのかまで教えてくれてはいなかった。

そうだ、自分のテーマがなくてはいけない。

国道沿いのブックオフに駆け込み、『現代用語の基礎知識』を立ち読みし、世の中にどんな問題があるのかを調べてみた。環境問題、少子高齢化、東アジアにおける日本の孤立、従来型義務教育システムの破綻と教育格差、凶悪犯罪頻発による治安への不安の高まり、国家と自治体の借金の際限ない増加、構造改革による勝ち組・負け組の格差拡大、等々。居酒屋チェーンの焼酎の種類くらい問題が列挙されていて、見るだけで憂鬱《ゆううつ》になってくる。それに立ち読みのせいか腰も痛くなってきた。集中力が切れて、すぐ向こうの棚のグラビア写真集が気になりはじめる。

見渡すと多くの本がさまざまな社会的、個人的問題に解答を与えようとしているものだった。どうすれば景気はよくなるのか。どうすれば合法的に節税できるのか。どうすれば彼にもっと愛されるのか。どうすれば子どもを有名小学校に入れることができるのか。まるで問題の大海原にいるような気になってきた。そのなかを筏でフラフラと漂っている自分がいる。このままでは確実に遭難する。

目に痛い蛍光灯が煌々《こうこう》と輝くブックオフを出た。渋滞がつづき、二速でノロノロと流される。運転席の窓を開けてそこからバズーカ砲を突き出し、目の前のなかなか動かないワンボックスカーに一発打ち込みたい衝動に駆られる。

僕の車の前を走るワンボックスの後部座席では、小さな男の子がぴょんぴょん跳ねて、少し大きい女の子に抱きついたり、はじけるように笑ったりしているのが見える。運転席の母親らしき女性がときどき振り返っては二人を叱るが、しばらくするとまた同じようにつかみ合いが始まって、母親が振り返って何かを叫んでいた。

父親はいないのかな、と助手席を見たが、見当たらない。ベビーシッターをしている母親の話によると、最近ではお客さんの二割はシングルマザーだという。なかには子育てのつらさから一時でも逃避するためにベビーシッターを頼み、自分の時間を持とうとする母親もいるということだ。

それに、こういうこともあったっけ。

半年前くらいに、まさに「下町のおかん」である母親が珍しく落ち込んだ声で電話をかけてきたことがあった。仕事で忙しい僕は携帯電話を肩と耳に挟み、パソコンのキーボードを叩きながら話した。

「今日ね、わたしのお気に入りのお客さんから、『今日で最後にしてください』って言われちゃったのよ」

「何？　何かあった？」

「ああ、そうなんだ」

「そんなこと言われたら、自分が何か粗相《そそう》でもしちゃったかなと思うじゃない？　だから私は聞いたのね、『何かお気に障ることがあったなら、おっしゃってください』って。そうしたら、彼女はとんでもない、って首を横に振ってね、『駒崎さんはいままでうちの双子の親代わりになってくださって、本当に助かりました』って言ってくれたの」

僕は見積書の数字をいじりながら、

「そう、じゃあよかったじゃん」と相槌を打つ。

「でもその人は『駒崎さんが問題ではないのです。ただ、私が会社をクビになってしまったので、もうシッターさんを頼む必要がなくなってしまったんです』って言うのよ」

僕は肩に挟んでいた携帯電話を手に持ち替えた。

「え、なんで？」

「そう思うでしょう？　私もおせっかいだからさ、聞いちゃったわけよ。『あなたみたいないい人が、なんでクビなのよ？』って」

「うん、そしたら？」

「その人はこう言ったの。『先日この子たちが熱を出したんです。うちの保育園では三十七度五分以上の子は預かってくれません。だから私が会社を休んで子どもたちを看病したんですが、双子だったのでお互いにうつし合ってしまって、一週間ほど休んでしまったんです。そうしたら会社が激怒して、私は事実上、解雇になってしまって』」

僕は自分の持っていた携帯電話を一瞬見て、

「そんなのおかしくない？」と聞いた。

「そうよ。おかしいのよ。まったくおかしい話だわ」と母は憤慨して言った。

そのとき僕は見積書を渡しに取引先に行かなければならなかったので、話もそこそこに電話を切ってしまったが、いま思い出してもおかしな話だ。子どもが熱を出すことなんて当たり前の話だろうし、それを親が看病するっていうのも、当たり前の話だ。当たり前のことをして職を失う社会に住んでいたなんて。

渋滞でのイライラに重なる形で腹が立ってきたのだが、よく考えると、これは社会問題なのではないだろうか。子どもが熱を出して、看病のために休んだら、会社をクビになる。あるいは、どこにも預け先がない。

いや、でも問題として小さすぎはしないか。社会問題といえば、環境問題とか、貧困とか、障害者の人権とか、大がかりなものだ。たんに下町のおばちゃんが愚痴《ぐち》っていたことが、崇高な社会問題だと言えるのだろうか。

というものの、引っかかる。

そもそも、子どもが熱のあるときに保育園に預かってもらえないのなら、僕が小さいころはどうしていたのだろう。うちの親はそのころはまだ自営業を引退していなかったはずだ。バリバリと働いていた。そういうときは困らなかったのだろうか。

考えていくうちに、聞いたほうが早いと思い、進行方向を実家のある江東区の下町に切り替えた。都内に入っても相変わらず進みは遅かったが、なんとか懐かしい実家までたどり着き、コインパーキングのカードを取ったときに思い出した。

そういえば二週間前から勘当されてたんだった。

■実は地域に育てられていた自分

先日、久々に実家に帰ったときに、名刺入れを置き忘れてしまった。「代表取締役社長」とでかでかと書かれた一片のカードによって、親に会社をやっていることが発覚してしまった。大学まで行かせて、いずれどこかいい会社に勤めると思っていた息子が、わけのわからない横文字の事業をやりはじめていることに、両親はキレた。「二度とうちの敷居《しきい》をまたぐな」と怒鳴りつけられた。

まあ、うちの親のことだから、そんなことはとっくに忘れてしまっているに違いない。

「ただいまー」とドアを開けると、白いパックをつけて、新種の魚介類みたいな顔になっている母親といきなり目が合った。

一瞬きょとんとして、あら、おかえり、と言いかけて、思い出したように吠えた。

「なんなの、あんた！　あんたはもう、うちの子じゃないんだからね！」

「わかった、わかった」と軽くいなしつつ、玄関に立ったまま僕は聞いた。

「ところでさ、ずっと前に、子どもが熱を出して看病したらクビになっちゃったお客さんのこと、話してくれたじゃん？　それで聞きたいんだけど、俺が小さかったころはさ、そういうことなかったの？　困らなかった？」

「あんた、いきなり何を言い出すのよ？」と母親はパックのなか、そこだけぽっかりと空いた目をぱちぱちさせた。

「いいじゃん、話すと長いんだって！　とにかくどうだったのさ？」

「あんたには松永さんがいたじゃないの！　覚えてないの？　この恩知らず‼」

母はまたもダミ声で怒鳴りはじめた。

「え、誰？」

「松永のおばちゃんよ、団地の三階下に住んでたでしょ。あんたは本当に薄情者だわ」

そういえば、顔はよく思い出せないが、そういうおばちゃんがいたような気がしてきた。まったく赤の他人なのだが、なぜかよく預けられていた。いまにして思えば、自営業で忙しい母に代わって、僕を善意で預かってくれていたのだろう。

「風邪ひいたってなんだって、松永さんは預かってくれてたわよ。あんた、いつか挨拶《あいさつ》しに行きなさいよ。それとあんた、ベンチャラ企業だかなんだか知らないけどね……」

母のお説教が始まりそうだったので、僕は結局靴も脱がず、すぐに回れ右して、「じゃ」と言って退散した。振り返ったとき、あきれた様子の母の顔からパックがぺろりとめくれるのが見えた。

そうか、小さかったころの自分には、そういえば気のいい地域のおばちゃんがいたんだよな。

逆を言うとそういうおばちゃんがいれば、子どもが熱を出しても助けてくれるわけだ。これではやっぱり社会問題なんて言えない。すぐに解決だ。

車のキーを回し、森みたいな団地を抜ける。ごみごみした下町の風景が、僕を懐かしい気持ちにさせる。すぐに大きな通りには出ずに、ちょっと迂回《うかい》して神奈川の家に帰ろうと狭い道を通っていった。昔よく遊びに行った駄菓子屋がレンタルビデオ屋になっていて、自分のせいのような気がして少し落ち込んでしまう。

さっきのことを考えていた。例の双子のお母さんにも、松永さんがいればよかったんだよな、と。そうすれば仕事もつづけられたに違いない。なんで、近所にそういう人を見つけなかったのかな。

狭い道が大きな通りにぶつかった。ここはどこだろう。一本前で右折するべきだったのだろうか。正面には野太い塔みたいなマンションがにょきにょきと生えていて、SF映画に出てくる未来都市みたいだった。

「あれ、ここって小学校のころ、友達とチャリンコで行ったところだな」と僕はつぶやいた。東京湾沿いの倉庫だらけのところで、海から吹く風が短パンには冷たく、早く帰ろうぜと僕は急《せ》かしたが、田中くんが倉庫の横でエッチな本を発見して、二人で盛り上がって震えながらグラビアページをめくったっけ。

倉庫ばっかりで何もなかったエリアが、いまは巨大マンションが群生する近代的な街になっている。ずいぶん便利そうだ。ただ、松永さんはいなさそうだった。

「ああ、そうか、わかったぞ」

僕は車のなかで独り言を言いまくる気持ちの悪い癖を持っている。

「松永さんは、もういないんだ」

口に出して言うと、海からの風が吹き抜けたような寒い気分になった。自分の声の余韻が、嫌な感じで車内に満ちた。

たぶん昔は、地域の人々が子育てで協力し合うということが、ごくふつうのことだったのだろう。でもいまでは、ここ下町ですら、そういった営みは過去のものになりつつあるのだ。松永さんに象徴される何かは、失われてしまったんだ。

社会問題、と言うほどたいした話ではないのかもしれない。血が流れるわけでもなく、海面が五メートル上昇するわけでもない。でもこれは放っておいていいことなのだろうか。いまの自分の根っこには、ひょっとしたら地域のおばちゃんの、おせっかいな優しさとか、いたわりとか、そういったものが埋め込まれていて、それが僕というものを形づくっているのかもしれないのに。

「困っている働く親に手も貸せないような地域になっちゃって、それでいいのかよ」

と僕は目の前の下町に言った。下町は、大学デビューした女の子みたいにツンとすましていて、夜景でピカピカ身を飾っている。

腹が立ってきた。「おまえがやらないんだったら、俺がやってやるさ」と、また独り言を言った。たいした問題ではないかもしれないけれど、僕にはなぜだか、放っておけないことに思えた。それは、社会問題、という抽象的な言葉ではなく、血の通った、手のすぐ届くところにいる気に食わない野郎のようだった。

「俺がやってやるさ」

独り言だったが、何か大きなものに約束したような気分だった。

■さよならITベンチャー社長

子どもが熱を出したときの預け先がない、というあまりたいした問題ではないかもしれないが、自分としてはどうしても放っておけないこの問題を事業で解決しようと心に決めた。

その次に僕がしなければならなかったのは、ITベンチャーの社長をやめるということを、後輩であり共同経営者でもある相棒に伝えることだった。

しかしここで、僕の前に大きな敵が現れた。

一言で言うと「虚栄心」だろう。社長でなくなるのが怖い僕は平常心を失ってしまった。それまでの自分には、「大学生でありながら会社を経営している」というブランドがあった。いろいろな人が、「おまえはすごい」と認めてくれた。自分がべったりと寄りかかってきたそのブランドを、いま自ら捨てようとしているのだ。やめるとどうなるのだろう。自分は何になってしまうんだ？　社長という名刺がなくなった僕を、誰がすごいと思ってくれるだろう。

そう考えると、なかなかやめるとは言い出せなかった。

時だけがダラダラと過ぎていった。


二週間ほどたって、珍しく大学で授業を受けたあと、一人で食堂に行った。

食堂はキャンパス内の大きな池に面していて、窓際は眺めがいい。池は湖のように静かな水面をたたえ、降り注ぐ陽光を照り返している。

一つ目の前のテーブルに男一人、女の子二人のグループが座った。人影がまばらで静かだった食堂に、彼らの話し声が響いた。

「でさ、俺はGS（ゴールドマン・サックス）とメリル（メリルリンチ）とJP（JPモルガン、いずれも外資系証券会社）とで迷ってるわけなんだけど、自分を一番高めれるところはどこなんだろう、って考えてるわけさ」

「えー、先輩すごいですよー。なんでそんなにレベル高いところの内定をゲットできちゃうんですか」

「うーん、そうだね、やっぱり学生時代からロジカルシンキングを磨いてきたからっていうのも、あるよね」男は眉毛の上のほうを指で触りながら言った。

「外資とか受かる人ってやっぱり違いますよねー」もう一人の巻き髪の子が言う。

「いや、違うっていうことはないと思うよ。俺もそうだけど、みんなふつうさ。でもさ、やっぱり外資のほうが自分を活かせる、っていう感じがするじゃない？　もちろん、これは一つのステップに過ぎなくて、三年後にはMBAを取りにアメリカに行くけどね」

「すごーい」と二人の女の子は口を揃えた。

口のなかの苦味が増している。このふざけた野郎の後頭部が僕をいらだたせた。

「就職偏差値」の高い企業に行けば自分は「イケている」という、甚だしい勘違い。今までママの言うことを聞いてレールに乗っかってきたやつが、お受験とまったく同じ意識で行う就職活動。自分が勤める会社の国籍がアメリカだというだけでブランドを感じてしまう植民地根性。自分が何をしたいのかもよくわからないのに、とりあえずＭＢＡを取ろうとするばかばかしさ。それを聞いて、すごいすごい、と感嘆する、見た目はきれいな女の子たち。

「じゃあ、俺は行くね。二人も何か困ったら相談してよ。内定者紹介するからさ」

男は勝ち誇ったように席を立った。

「早く帰れ」と心のなかでつぶやきながら僕はトマトのへたを取った。そして歩いていく男の横顔を見たとき、僕はトマトを噛《か》むことも忘れて目を見開いた。

自分だった。

いや、正確に言うと、一瞬、横顔が驚くほど自分そっくりに見えたのだった。

そんなばかな。僕は彼のあとを追いたい衝動に駆られたが、さすがにばかげていると座り直す。噛みつぶしたプチトマトがどろりと口のなかに溶け出した。

ふと奇妙な考えが頭のなかをよぎった。

「あのどうしようもない野郎は、今の自分ではないだろうか」


あの男のどうしようもないところ。それは「外資金融」とか「ＭＢＡ」とか、世の中で持てはやされるブランドに寄りかかっているくせに、それに無自覚なところだ。おまえがすごいんじゃなくて、そのブランドがすごいんだろ？　その「イケているもの」に底上げしてもらっていることのイケてなさがたまらなく滑稽《こっけい》に思えた。


だが翻ってみて、自分はどうだ？　僕はビジネスの経験があるからあの男を冷ややかに見ている。だが、僕だって「社長」という肩書きに下駄を履かせてもらってるじゃないか。その下駄がなくなって、実は自分の身長が低いのを知られることに、びびりまくってるじゃないか。

しかも、会社は一円あればつくれるようになる。* 一円あれば社長になることができる。社長であることなんて、たかがそれだけのことだ。それなのに、僕はそのちっぽけな名誉にすがっている。自分が女の子に「すごい」と言ってもらえなくなることに、子どものように怯《おび》えている。

なんてこった。彼と自分は、実は全然、違わないじゃないか。

僕は急いで共同経営者に連絡を取った。彼は戸惑いを隠せないようだったが、最近の僕の様子から、なんとなくその日が来ることをわかっていたようでもあった。話し合いは寂しいくらいにスムーズに進んだ。今まで苦楽をともにした仲間たちを裏切るような気さえして、社員の一人ひとりに挨拶することもできなかった。

そして僕は、卒業と同時にフリーターになった。

＊中小企業挑戦支援法によって、商法の最低資本金制度に関する時限的免除措置が採られた。その後「会社法」によって最低資本金制度は廃止され、会社設立の敷居は大幅に下がった。

第3章　いざ、「社会起業家」！

■野郎の後輩とともにチーム結成！

さて、いま流行《はやり》のフリーターになってしまって、食いぶちがない。

これはまずい。そう思っていると拾う神が現れた。学生社長仲間の一人が「うちの会社を手伝ってよ」と声をかけてくれたのだ。

各地の商店街を活性化するためのコンサルティングをしている会社*で、これから地域との関わりが重要になるだろう僕の事業を進めるうえでも力になってくれそうだった。

こうして運よく「地域活性化コンサルタント」という肩書きを得た僕は、調査報告書の作成などのアルバイトをしながら、自分の起業準備を始めた。

病児保育問題。僕が取り組もうと決意した「子どもが病気になったときの預け先がない」という問題は、医療関係者などのあいだでそう呼ばれていた。当時はまだこの問題に対する関心は低く、どちらかといえばマイナーな問題だったが、「仕事と育児の両立」という現代の親たちの課題を考えれば、今後ますます重要な問題になるに違いない。

この問題を「地域で解決する」という僕の事業の構想は、まだ漠然としていたものの、まったく新しい事業を自分が生み出すのだという決意は、僕の気分を昂揚《こうよう》させていた。

とはいえ、一人で始めるのはさすがに心細い。

ある日、僕は、大学の後輩である男子を、ガストに呼びつけ、相談を持ちかけた。彼が医療に興味を持っていると、風の噂を耳にしたのだ。

「君さ、前に医療の問題に興味あるって言ってたよね？」

彼の顔をのぞき込みながら、僕は尋ねた。

「医療と保育の融合する、未知の領域があるんだ。これからの少子高齢化時代に、これほど重要かつイノベーティブな分野はないよ」

僕はガストのコーヒーにも口を付けず、切々と語りかける。

その間、一見、渋谷にいそうな若者である提橋由幾《さげはしゆうき》は、ずっとこっちをにらんでいる。

僕は、まったく見当違いな人間に、見当違いなことを言ってしまったのではないかと、一瞬、後悔した。

彼が口を開いた。

「自分は医療コンサルタントになって、医療の世界を変えたいと超思ってるんです。医療の世界で、子育てはとっても重要な問題だし、超興味あるっす！」

い、意外にいいやつだ。

「医療の勉強会で会った友達も、このプロジェクトに連れてきます。超いいやつっす」

そうして、佐藤大介という、ＩＴに長けた大学四年生を連れてきてくれたのだった。

彼はシステム会社に内定が決まっていた。

当初は野郎三人の会だったが、途中から、秋田出身の勤勉な学生である田鹿鈴子も加わった。彼女はまちづくりに興味があるらしく、僕は強引に「これもまちづくりだ」とアピールし、仲間に入ってもらった。

組織をつくるにあたり、名前を付けることになった。当初は「おばあちゃんのゆりかご」という名前を考えていたのだが、長いし、省略すると「オバユリ」。なんだかどぎつい花の名前のようだ……。僕は新しい名称を考えたかった。

ホワイトボードを前に、僕たちは議論を重ねた。

「シックチルドレンセイバー（SCS）」

「病気のこども助け隊」

「病児保育共同戦線」

うーん、なんだかなあ……。

ホワイトボードがほぼ真っ黒になって、あれこれ言うのにみんなが疲れてきたとき、僕はふと「『フローレンス』はどう?」と投げやりに言った。

「え、なんで?」鈴子が頬杖《ほおづえ》をつきながら尋ねる。

「ほら、ナイチンゲールのファーストネームだよ。フローレンス・ナイチンゲール」

「ナイチンゲール、って、あの、看護師の元祖みたいな人でしたっけ? 白衣の天使、とかって」

「そうそう。でも、実際のナイチンゲールは、白衣の天使どころか、とんでもなく凄《すご》腕《うで》の社会起業家だったんだ」

「うそぉ」

「ほんとだよ。彼女は統計学の専門家で、クリミア戦争っていうイギリス同盟軍とロシアの戦争に従軍しているときに、ある発見をしたんだ。『戦闘で死ぬ兵士よりも、病気で死ぬ兵士のほうが多い』ってね。

そこで彼女は、お得意の統計学を駆使してその発見を数学的に証明した。その要因が劣悪な衛生環境にあることを見抜いたんだ。それを機に陸軍大臣が動きだし、イギリス軍の衛生環境は抜本的に改善されて、死亡率がみるみる下がったんだよ」

「へー」

歴史オタクの僕は得意になってつづける。

「ナイチンゲールは、それまで『医者の召使』としてしか認められていなかった看護師を、プロの医療者として定義し直し、看護学校の建設や運営にあたったんだ」

「それで、赤十字社をつくったんでしたっけ？」佐藤くんが言う。

「いや、それはアンリ・デュナンね。ナイチンゲール自身は、ボランティア主体の活動については意外なことに反対したんだ。『スタッフの自己犠牲のみに頼る援助活動は継続的でない』ってね。『私は資金集めの広告塔になる』とまで言ってる。徹底した現実主義者で、その厳しい現実を見すえて人助けをした人なんだ」

提橋が手を打った。

「うん、それでいきましょう！　超いいっす！」

偉大なる先人にあやかって立派な名前を付けたはいいが、僕たちの誰一人として、医療の専門家でも、保育の先生でも、子どもを持つ親でもなかった。

しかし、統計学の専門家が近代看護学を確立できるのなら、僕たちだって、病児保育に挑戦できる、そんな気がしたのだった。

*株式会社商店街ネットワーク。全国七〇の商店街が出資してできた珍しい会社。当時の社長は高校生社長としてメディアでも注目された木下斉氏。会長は、早稲田商店会相談役で前衆議院議員の安井潤一郎氏。

■おばちゃんからキレられる日々と「コップのなかの嵐」

病児保育事業を始めたい。

僕たちがまず行ったのは、事業の構想を関係者に話して助言や協力を仰ぐことだった。

簡単な企画書をパワーポイントで書いて、いろいろな保育園の園長さんや小児科医、ベビーシッター会社の門を叩いた。

出てきたのはほとんどが中年以上の女性で、母親歴数十年のつわものたちだ。

「あなた、保育の経験は？」

「ありません」

「子どもはいるの？」

「いや、独身です」

おばちゃんたちは露骨に嫌な顔をする。

「あんた、私が三十年保育園の園長をやってて、それでもできないことを、なんであんたができるわけよ」

また、ある保育団体の創業者のおばちゃんは、僕の企画書を見て激怒した。

「病児保育？　あなた親をこれ以上甘やかすつもりなの？　いまの親はね、子育てなんてちっともわかってないの。親がダメだからキレる子どもがたくさんでてきちゃうのよ！　私たちは親たちに子育てを教えていかないといけないの。あなたみたいなわけのわからない人には、その資格なんてないのよ！　帰りなさい！」

自分のプランについて話したら、九五％の人にはなんらかの「ダメ出し（批判）」をされた。このときほど日本が「ダメ出し社会」だと痛烈に思ったことはない。この国では何か新しいことをやろうとすること自体が罪とみなされる。たとえそれが社会のためになろうと。

しかし同時に学んだことがある。保育や子育て支援の業界というのは、ほとんどが子育て経験のある中年以上の女性で占められている。バックグラウンドも主婦か保育園勤務などの公務員。つまり、まるで多様性がないのだ。だからイノベーションが起きない。

「コップのなかの嵐」という言葉がある。限られた人たちの限られた世界のなかだけの議論や動きのことだ。限られた人間だけしか入れないから、一般大衆にとっては他《ひ》人事《とごと》になってしまうのだ。

「母親がこんなにも困っている」

「少子化社会が進んでいるにもかかわらず、保育園の数が足りない」

なんてコップのなかで叫んでいても、彼らは一般人を、つまり自分たちとは違う種類の存在を巻き込めていない。だから、これまでこの問題は、国民的な関心事になっていなかったのだ。同じ価値観の人間が集うばかりで自分たちとは違うアイデアを許容しないから、新しい動きも起こらない。

多様性は力なのだ。生命は、なぜ突然変異を許容するのか。多様性を保持しなければ、なんらかの天変地異や伝染病によって一網打尽にされてしまうからだ。国家はなぜ多様な言論を保証するのか。一つの意見だけしか持てない社会では、時代の変化に全員がついていけず、結局は社会が破綻してしまうからだ。

「全体を救うイノベーションは、つねに多様性から生まれる」

たいして行かなかった大学の研究室で、僕に口をすっぱくしてイノベーションの本質を語ってくれた硬骨《こうこつ》の経営学者、榊原清則先生*の言葉が、おばちゃんに怒られているあいだ中、何度もリフレインされた。

九五％の保育おばちゃんからダメ出しを食らう僕を支えたのは、意外にも学校で教えてもらった理論だった。

＊榊原清則　慶應義塾大学教授。一橋大学で教鞭をとったのち、ロンドン大学大学院ビジネススクール准教授へと転じる。現在慶應義塾大学でイノベーション論を研究。著書に『イノベーションの収益化』（有斐閣）、『経済学入門（上）（下）』（日本経済新聞社）などがある。

■企画書を書けばお金がもらえる？

株式会社を起業するときは、元手として資本金を募る。「この会社に出資してくれたら、あとで儲かります」。あるいは「僕を男にしてください」、などと説得して、株式と引き換えにお金を出してもらう。そう、株主になってもらうことで、はじめに必要なお金を出してもらうのだ。

そしてあとで儲かったら、お金を出してもらった分、あるいはそれ以上のお返しをしつづける。これが配当というやつだ。儲けを配当するということは、儲けなくてはいけない、ということである。

一方、ＮＰＯ法人には株式という制度はない。ＮＰＯ法人は、「特定非営利活動法人」という名称から、「儲けを出してはいけない」と誤解されることが非常に多いが、実は、儲けを出してもまったく問題はない。現実問題として、儲けを出さずに事業を拡大することは難しいからだ（ちなみに、ＮＰＯがあげた利益は、株式会社と同様に課税される）。

だが、ＮＰＯは「儲けるために」存在している組織ではない。儲かるかどうかにかかわらず、社会問題を解決することを目的としている。だから資本金というものは存在しない。もっとも、株式会社だって資本金一円から起業できるため、法人設立のハードルは、株式会社もＮＰＯも大差ない。

最大の違いは、株式が存在し、ＩＰＯや配当など株主へのなんらかのリターンが期待される株式会社に対して、ＮＰＯは、純然たる社会的価値が期待されるという点だ。

とはいえ、「じゃあ儲からないあいだ、どうやって生きていくの？」ということになる。

会社だったら儲けが出るまで資本金を食いつぶせる。収入がコストを上回るまで、資本金を減らしながら、歯を食いしばって頑張るのだ。ＮＰＯにはそれがない。

参った。以前はＩＴベンチャーの社長だったと言っても、給料をたくさんもらっていたわけではない。利益は会社の将来のためにコツコツ内部留保していたためだ。僕個人の貯金もたくさんあるわけではない。

そんなとき、あるおじさんから「助成金」なるものの存在を教えてもらった。

これは企業や財団が、ＮＰＯや社会貢献をする団体のために出している、返さなくていいお金だ。ＩＴベンチャー時代にお世話になった立派な方からの紹介で会ったそのおじさんは、自らを「助成金の神」と豪語していた。名刺には「行政書士」とあり、産学連携を促進する学会か何かの重役だった。肩書きは立派だが、見るからに怪しそうなおじさんである。

「種銭《たねぜに》（事業の種となるお金。元手）が欲しいなら、助成金で取ればいいのです。助成金の取り方には、コツがあるんですよ。私はそれをすべて知っています。応募書類の作成から諸々の手続きまで、すべて代行して差し上げます。駒崎さん、どうですか」

おじさんは数々の助成金制度を列記したリストを見せてくれた。一〇〇万円以上の助成金もあり、心を惹かれる。

「えっと……、じゃあ、とりあえずこの助成金に応募してみてください」

「いいですよ。必ず獲得して差し上げます」と力強く答えたあと、おじさんはニヤリと笑って言った。

「条件ですが、取れた場合は、助成金全額から半分、私がいただきます」

「え！　そんなに取るんですか」

「そりゃそうですよ。ぐふふ」

「どうしようかなあ……」

イマイチ、このおじさんを信頼していいのかわからない。

「ならば、こういう方法もあります。私は指一本動かしません。助成金申請の書類を書くのは、すべてあなたです。ただ、私はノウハウを教えます。どう書いたらいいのかは、口頭で教えましょう。授業料は、十万円です」

「うわ、高っ！」

僕は悩んだ。一方は楽だが、このおじさんに今後もずっと頼ることになる。もう一方は、自分で書かなければならないから苦労は多いし、取れるかどうかもわからないのに十万円も払わないといけない。でも、今後このおじさんがいなくても、自分で書類を書けるようにはなる。たとえて言うなら、お腹が空いているときに魚をもらうか、魚の釣り方を教えてもらうか、の問題だ。

「じゃあ、書き方を教えてください。お金は払います」と僕は言った。

おじさんは、「ふっ」と一瞬笑って、

「いいでしょう。では、レッスンを始めます」と助成金の申請書類を開いたのだった。

おじさんは怪しかったが、言っていることはまともだった。

「いいですか。助成金の申請書は、ただ項目を埋めればいいわけではありません。ラブレターや営業の企画書や就職活動のエントリーシートと同じなんです。つまり、相手が何を欲しがっているのか、を明確に知らなくてはいけない。あなたにタダでお金をあげようとしている財団や企業が、どんなプランを望むのか。どんな成果を出してもらいたいのか。そういった趣旨を募集要項から読み取るのです……」

そして、「助成金の神」の言うポイントをおさえて申請書を埋めると、本当に、書類審査を難なく通過してしまったのだ。これは、すごい！　神、最高！

そこで調子に乗って最終面接に乗り込んだ僕だったが、あえなく玉砕。

「神じゃないのかよ！　お金返せー！」

地団太《じだんだ》を踏んだが、あとの祭だった。

しかし、めげずにそのあと出した助成金は連続して獲得。じょじょに種銭もたまりはじめた。

さらに、ある財団が、この分野の研究助成の名目で新手の実践型研究を募集しているということを、「コンサルタント」と名乗るヒッピー風のおじさんから教えてもらった。

そのおじさんはアメリカのシリコンバレー帰りらしく、ＮＰＯには格別の思い入れがあり、「駒崎くんを支援したい」と、しきりに連絡を取ってきた。僕はおじさんの厚意に応えるべく「病児保育問題解決のための実践研究」などと銘打って研究計画を書き、応募してみた。大学教授がずらりと応募していたようだったが、なぜか書類審査はばっちり通過。あとは財団の偉い人の審査を待つのみとなった。

するとヒッピー風のおじさんから電話があった。おじさんはシリコンバレー帰りであるにもかかわらず、なぜかメールが使えなかった。しかも秘書から送られてくる添付ファイルは、ワードではなく一太郎だった。

「駒崎くん、あの助成金だけど、なんで書類審査を通ったか、わかる?」

「え? いや、病児保育問題が社会的に重要だと思ってくれたからじゃないでしょうか」

おじさんは電話口でふふふと笑って言った。

「いや、僕が財団の常務理事と昔からの古い仲でね。かなり強くプッシュしたんだよ」

「え、そうなんですか」

「そう。きっと最終審査も通るさ」

その後、おじさんの言ったとおり、合格通知が届いた。

「ほら、僕の言ったとおりだろう」

「あ、はあ。いろいろとありがとうございます」

「うん。じゃあ、二割を振り込んでおいてよ」

「え？」

「いや、こういうのは社会的な常識だよ。この業界では当たり前なんだよ」

そ、そうなのか。NPO業界ではビジネス業界と違って、そんな助け合いの構図が存在しているのか。いやー、知らなかった。

ただ、けっこう大きな金額だったので、すぐには振り込まず、一応、財団の人に聞いてみることにした。偶然にも財団の担当者は同じ大学出身の女性だった。

「……というわけなんですが、そういうおじさんからの推薦とか、ありました？」

すると彼女はすっとんきょうな声を出し、

「は？　そんなわけないじゃない！　っていうか、そのおじさん、誰!?」

全否定。選考は外部の有識者も混ぜて行われるので、いわゆる口利きは一切通用しないということだった。

ＮＰＯ業界、怖っ！

ＩＴベンチャーからＮＰＯへとトンネルを抜けると、そこは魑魅魍魎《ちみもうりよう》あふれる世界だった、というわけだ。もちろん、ビジネス界にも怪しい人はたくさん存在するが、一見良心的なイメージのあるＮＰＯの世界でもそれは同じなのだった。すぐにお金を払わず相談してよかったなあと、冷や汗をかきながら僕は思った。

とはいえ、僕は結局、総額七〇〇万円ほどの助成金を得て、起業準備を進めることができたのだった。怪しいと思ったおじさんへの授業料十万円は、悪くない投資だったのかもしれない。

■商店街語・政治家語・公務員語

地域性が高い社会起業を進めるうえでは、「このあたりを拠点にして活動しよう」と、事業展開する地域を見定めることが必要になる。いわゆるホームだ。ホームにはいろいろな人がいる。なかでも、地域に暮らし、地域で商売を営む商店街のおじさんたちとは必然的に接点が生まれてくるものだ。

しかし、このときの僕はまだ、自分がホームを形づくるのに、重要な力が欠けていることに気づいていなかった。

たとえば、商店街のおじさんに頼みごとをする。

「○○さん。今日は、二つご相談したいことがあります。一点目は、区の担当者の△△さんにリーチするためのチャネルをお持ちでは、ということです。二点目は、今後お互いどうやってWIN－WINの関係を築いていくか、という展望に関することです」

要するに、区の担当者に会うための伝手《つて》をお持ちだろうから紹介してほしい、ということと、お互いにとって得になるような関係のあり方について考えましょう、ということだ。ITベンチャーをしていたころと同じ話し方をしてしまったのだが、これが根本的に間違っていた。

おじさんはたちまち顔色を変えて、怒鳴った。

「おめえ、やぶからぼうになんだってんだ。それにリーチってなんだそりゃよ。俺たちがリーチっつたらマージャンだっつうの。あとなんだ、チャンネル？　チャンネルってテレビにくっついて回すアレだろアレ。それからウィーンって、なんの機械音だよ、そりゃよ。おれは工場《こうば》持っててんじゃなくて、肉屋だよ。意味がわかんねえぞ、こら。ほんと、いけすかねえ野郎だな、この野郎は」

ビジネスの世界では、先に結論や本題を伝え、あとから二次的な情報を話していくのがマナーのようになっているが、商店街のおじさん相手にそれではいけない。まずは本題とまったく関係ない話で盛り上がらないといけないのだ。横文字も厳禁である。おじさんの長い長い、ことによってはループして再生される話も、遮ってしまってはいけない。コミュニケーションの内容もさることながら、コミュニケーションのプロセスによって信頼が醸成されていく場合が多いのだ。それは、何度か彼らに怒鳴られてようやく知った法則である。

一方、区議会や都議会の議員の方々と関係を構築する際はどうするか。議員というのはピンからキリまでいるので、当初はどう付き合っていいのか全然わからなかった。

ちょっと人を紹介してもらったりすると、彼らは「今度パーティーがあるので来てくれ」と言う。

「はい、喜んで」

「じゃあ、はい、これパーティー券。二万円」

気づくとパーティー券を売りつけられる。

これじゃあ池袋のチーマーじゃないか！　いまでは懐かしい言葉だが、一九九〇年代は池袋を歩いているとパーティー券（パー券）をむりやり売りつけようとする「チーマー」（暴力団の手下のような不良のこと）にしばしば出くわしたものだった。

そう後悔しても「やっぱり、いいです」とは言いにくい状況になっているのだった。

こういう貴重な体験もあった。病児保育問題を理解していただきつつ、地域ぐるみでの支援体制をつくろうとしていたとき、ある衆議院議員に紹介してもらえることになったのだ。

衆議院議員の彼は、エリート色全開の対立候補に対して「自分は庶民です。雑草魂です」と、あえて選挙カーではなく自転車にハチマキというスタイルで町中を走り回って対抗していた人だった。そして雑草選挙のかいあって、彼は当選した。

僕は、ある財団の方に案内されて衆議院議員会館まで行き、部屋に通された。待つこと三十五分。挨拶もせずに足早に入ってきた「雑草」の某野党センセイは、応接室の低い椅子にドカッと腰をおろすと、胸をのけぞらせて言ったのだ。

「ふぅー。んで、何してほしいの？」

さまざまな試行錯誤をしてわかったのは、しっかりと理念を語って通じない議員とは、付き合わないほうがいい、ということだった。

もちろん、一般市民と同様、社会起業家にとっても、議員は重要な存在ではある。社会問題を解決していくうえで、政策が必要となる場合もあるからだ。そういう場合は、望ましい政策をつくるよう議員に働きかけなくてはならない。これは「ロビイング」という重要な活動だ。しかし、それは問題意識をともにし、理念を語り合ってこそ実を結ぶ。理念を抜きにしてたんに人の紹介や口利きをお願いするのは、あまり得策ではないのだ。

「議員からの紹介」があると、役所と交渉するにしても相手の態度が違ってくるので、つい安易に頼りたくもなるが、返さなくてはいけない借りをつくることになってしまう。単純に、貸し借りでない関係性をつくったほうが、中長期的には得になるのだ。

そして、公務員もまた、独特の言語を使う。彼らはリスクや失敗を親の敵のように嫌う人種だ。これは役所の評価システムによる。ホームランを打つことではなく、三振や凡退がないことで評価されるのだ。彼らにチャレンジ精神あふれるベンチャー語で話しても一切通じない。むしろ、その事業がどれだけ「安全」で「確実」で「きっちり」しているか、のアピールに徹することだ。彼らにはきちんとした格好で丁寧な敬語を喋り、書面を示して趣旨を説明するような几帳面さで臨むべきなのである。

ITベンチャーの世界では、みんながだいたい同じスタイルで話して、メリット・デメリットを説明すれば話が通じたのに、社会起業はなんて複雑なんだろう。

もちろん、人によって性格は違うのは当たり前だ。例外的な人もいるが、多くの人は、所属する職場の評価システムによって、ものの考え方もコミュニケーションの取り方も使う言葉も規定されている。政治家は票によって評価されるし、公務員は失敗の有無によって評価される。そして商店街のおじさんたちは、地域での人間的なつながりに根ざした継続的な売上によって評価される。

このことを恨んでも仕方がないのだ。それぞれのメンタリティを頭に入れておけば、なかなか理解してもらえなくても「まあ、公務員の人だから、慎重になるのも仕方ないよね」と、無駄に感情的にならずにすむ。

社会起業家は、接する人の人種に応じて、バイリンガル、トリリンガル、マルチリンガルにならないといけないのだ。そんなことを、彼らと言葉で切り結び、向こう傷を受けながら気づいていく。そんな日々がスタートしてしまった。

■ニーズはあるのに、サービスはない

「コマさんの病児保育への想いはわかりましたけど、どれだけの人がそれを必要としてるんでしょうか？　その、看病のために会社を休んでクビになった双子のママのような人は、特別なケースなんじゃないですか」

ホワイトボードを前に、学生インターンの田鹿鈴子が言った。ビジネスの基本であるニーズの有無のことを言っているのだ。

「じゃあ、ちょっとググってみてよ」と僕は頼む。

「ググる」というのはグーグルで検索して調べるという意味。基本的には「病児保育のサービスを必要とする人は多いはずだ」というように、「○○なはずだ」という仮

説を立ててから、それを証明、あるいは反証する情報をグーグルで探す。そして得られた情報をもとに、また仮説を立てて、ググって、というサイクルを繰り返していくのだ。やることはいっぱいあるけど時間もお金もないような起業当初は、重箱の隅をつつくようなリサーチに手間をかけるのは得策でない。仮説とグーグルだ。

田鹿鈴子がパソコンに向かい、見つけたレポートに僕たちは目を見はった。（図1）

「仕事と育児の両立で最も悩むことは？」という質問に対して、約七割もの人が「子どもの病気で遅刻や欠勤をすることがあり、周囲に迷惑をかけてしまう」と答えている。

こんなデータもあった。（図2）

「保育園に子どもを預けていて不満に思うこと」の上位に「病気のときも預かってほしい」というものがランクインしている。

さらなる証拠を得るため、僕は働くお母さんたちに片っ端からメールをして、アポを取り付けた。まるで人妻専門ナンパ師である。

図１：仕事と育児の両立で最も悩むことは？

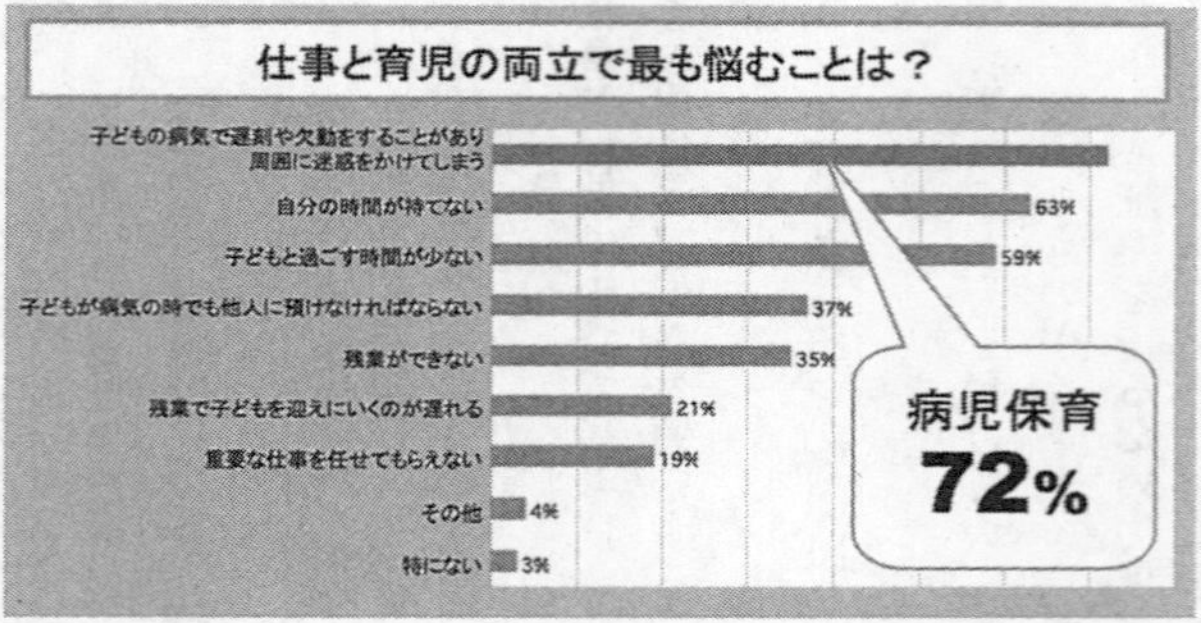

マクロミル「ワーキングマザーに関する調査」（2002年）

図２：保育園に子どもを預けていて不満に思うこと

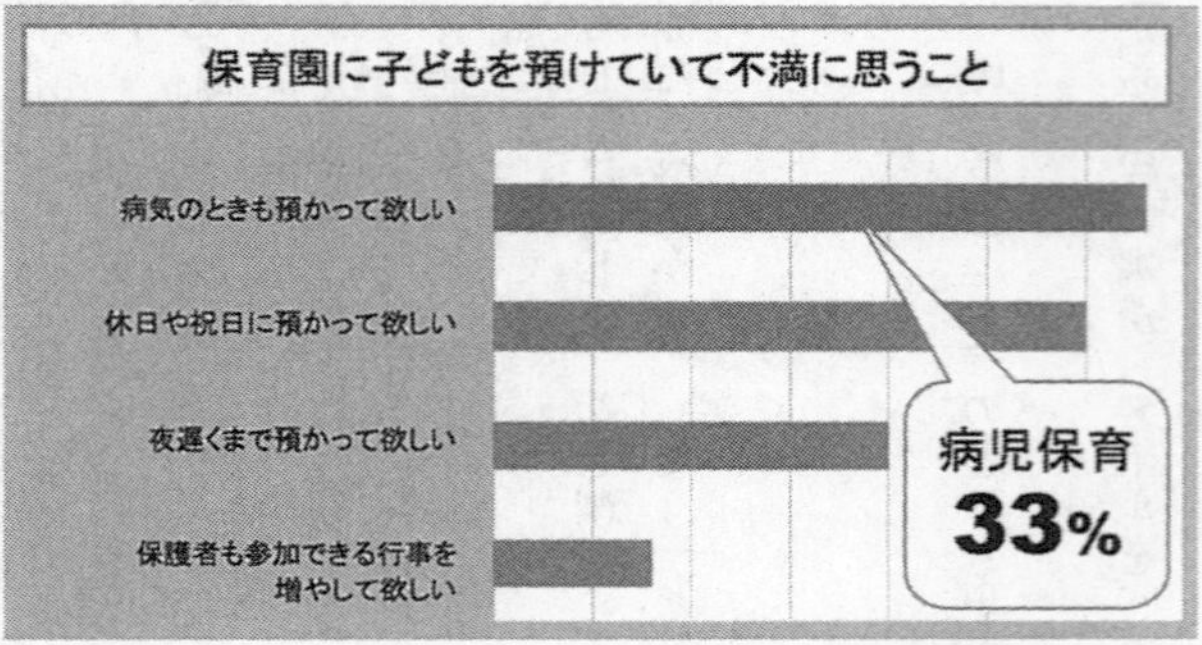

厚生労働省（2000年）

「いやー、あのときは本当に困ったわ。思わず子どもに舌打ちしちゃう自分がいて、怖くなったわ」

「もうほんとに大変で、仕事をやめようかと思ったわ」

「直接は言ってこないけど、会社もいい顔しなかったわよ。いまでも前線の部署からバックオフィスに下げられたままよ」

「忙しいときに限って子どもは熱出すのよね！」

彼女たちは、こみ上げる鬱憤《うっぷん》を僕にぶつけてきた。

僕たちは再び話し合う。

「ほら見ろ、鈴子。困っている人は本当にたくさんいる。これは普遍的な社会問題なんだよ」

すると彼女は言った。

「そうしたら、どこかで誰かがすでに始めてるんじゃないですか」

言われてみれば、そうだ。僕たちはまたもやグーグル様の力を借りて調査する。

たしかに、あった。全国には病児保育を専門にやっている施設がおもに三種類あった。一つ目は、小児科医院のなかに小さな部屋をつくり、そこを病児保育スペースにしているところ。二つ目は保育園の横に熱や風邪の子のスペースを設けているところ。最後は、数はとっても少ないが、病児保育を専門でやっている施設。

「なーんだ。もうあるんじゃないですか。私たちが力んでやることもないですよー」

埼玉大から来た学生インターンの西本千尋が、パソコンをのぞきながらアニメ声でつぶやいた。

僕は憮然《ぶぜん》とした。たしかに、すでに始めているところはあるようだが、ではどうして、僕がヒアリングした人たちは、こういうところに行かなかったんだ？

「その施設って、だいたい全国にどのくらいあるんだよ？」と僕は西本に聞いた。

「ちょっと待ってくださいね……。えっと、ここのサイトに書いてあるかな。これだ。五〇〇程度、ってありますね」

「五〇〇か……。ちなみに、保育園って全国にどのくらいあるんだろうね」

「もう、人使い荒いなあ。保育園は……二万九〇〇〇、みたいですね」

「約三万か。五〇〇÷三万だから、〇《ゼロ》をたして二は立たないから一で……」

「コマさん、エクセル使ってくださいよ」

「ほら、保育園全体からすると、病児保育の施設は二％弱しかないぞ」

「そうですね。でもそれがどうしたんです？」

「だってさ、こんなにも困っている人が多いんだぜ。もうちょっとあってもよさそうじゃないか。二%っていったら、九八%の地域じゃ使えないっていうことだろ？」

「まあ、そうですねえ」

「なんでだ？」

「いや、そんなこと私たちに言われてもわからないですよー」

「違う違う、考えてみろ、ってことだよ。だってさ、ビジネスの世界じゃ、『ニーズあるところにマーケットありき』っていうのが鉄則だぜ。困っている人が多い、つまりニーズはあるのに、それを提供する人がたった二%しかいない。どうしてなんだろうな」

僕らは頭を抱えてしまった。

「悩んだときは、当事者の話を聞きにいけ」。たしか刑事コロンボが言っていた。病児保育をやっている当事者たちに突撃するべし、だ。

■ネクタイとスーツから、Tシャツとジャージへ

「こんにちは、病児保育室○○さんですか？　あの、お話聞かせてほしいんですけど。僕ですか？　えっと、特に誰っていうわけでもないんですが……」

いざ、テレアポ大作戦。僕たちは、東京近郊にある病児保育施設に片っ端から電話した。最初は思いきり怪しまれたので、途中から「慶應大学の研究員」と名乗ることにした。研究はしていないが、教授の取り計らいで、そういう地位を与えてもらっていたのだ。それが役に立った。十件あたれば、二件くらいの割合で施設が見学を受け入れてくれた。

そのなかの一つに、月島の「小坂こども元気クリニック」があった。お医者さんというのは新卒で社会に出てからずっと「先生」と呼ばれつづける方々なので、基本的に一般人が診察以外で会いに行くには非常に敷居が高い。しかし、小坂こども元気クリニックの小坂小児科医は、変り種だった。

「おもろいやん！　ITやってた人がこの業界入ってくるなんてさ。そしたらさ、見学と言わず、現場に入ってみたらええやんか」

「え、僕が現場で保育する、ってことですか」

「そうや。そうでないとわからんやろが」

「あ、それはそれは、どうも……。あはは……」

ひきつった笑顔の僕はスーツからジャージとTシャツに着替え、小坂こども元気クリニックに付属している病児保育室での実習を開始した。保育士さんと混じって風邪気味の子どもの保育を週一で行うことになった。

初めての保育は恐怖だった。僕は三人姉弟の末っ子だったので、子どもの面倒なんて見たことがない。怯える僕を見た子どもは、すぐに僕の気持ちを読み取り、不安になる。顔を歪めて「ぐうえーーーーん！」と泣き出す。焦ってますます顔がひきつる僕。すると保育士さんがすぐにフォローに入ってくれて、五分もしないうちに子どもは笑顔に戻る。

すごい、保育は技術だ。

一口に子どもと言っても、ゼロ歳児と二歳児は扱いやすさも全然違う。違う生き物みたいだ。自分も同じだったなんて、信じられない。三歳児や四歳児になると、だいぶこちらの言葉や気持ちもわかってくるのだろう。人間を相手にしている感じがする。特に女の子のほうが僕に慣れてくる。なかには僕の気を引こうとして、袖を引っ張ったり、絵本を持ってきたりする子もいる。

やった、気持ちが通じ合った！

病児保育施設は朝九時から夕方五時半まで。ほぼ一日一緒にいると、情も湧いてくる。さっきまで仲よくぬいぐるみでくすぐり合っていた女の子のママが迎えに来る。ママはその日の保育の様子を聞いたあと、女の子を連れて帰ろうとするが、彼女はなかなか帰りたがらない。そのうち「まだお兄ちゃんと遊ぶのー！」と泣きはじめた。

か、可愛い！

思わず抱きしめて「うちの子になれ」と頰ずりしてしまいそうな衝動に駆られたが、

そんなことをしたら目の前のお母さんに訴えられてしまう。

「また来てね。バイバーイ！」と笑顔で手を振った。

未知のエイリアンがこんなにも愛らしいものだとは。その日は布団のなかで、娘が生まれたらなんて名前をつけるかを一人で夜中まで考えてしまった。


実習をしながらも、小坂先生の空いた時間にいくつもの質問をぶつけた。

「なぜ病児保育室が増えていかないんでしょうね？」

「うーん、小児科医のなかには『子どもが病気のときくらい親が看《み》るべきだ』っていう、『べき論』をお持ちの先生が多いからやないかなあ」

先生はそう答えた。ありそうな話ではある。だが、僕には気になることがあった。

マルクスという十九世紀の経済学者は「下部構造が上部構造を規定する」と言った。いきなり小難しい話のようだが、簡単にいえば、文化や価値観や政治体制など（上部構造）は、経済や産業のあり方（下部構造）によって左右される、ということだ。価値観の裏には、経済的な事情がある場合が多い。

「先生、大変失礼なお願いなんですが、あの、この病児保育事業と、小児科の財務的な部分を見せていただくことはできませんか」

先生は一瞬目を大きく見開いたが、

「ええよ」

と言って引き出しをごそごそとあさり、書類の束をくれた。

施設の収支を見て、僕は目を疑った。

ひどい赤字なのである。

「先生、これ、あの、大丈夫なんでしょうか」

恐る恐るそう聞くと、先生は答えた。

「あ、大丈夫、大丈夫。小児科のほうでお金は入ってくるんで、トータルではちょびっと黒字なんや」

「いや、それは病児保育事業の赤字を本体事業で穴埋めしているだけでは……？」

という指摘を、僕はぐっと飲み込んだ。せっかく親切にしてくれているお医者さんを傷つけるようなことは言いたくなかった。

帰り道、Tシャツとジャージ姿にノート型パソコン、という妙な姿で大江戸線のホームのベンチに腰かけて、僕は先生からもらった資料をもとにエクセルの数字をいじっていた。

会計的な資料、特に損益計算書や貸借対照表というのは、事業をシミュレーションするうえではわかりづらい。もっと簡単なものに組み直すと、その事業の構造が驚くほどはっきりと見えてくる。「入ってくるお金」と「出ていくお金」の二つのカテゴリーをつくって、引き算させて、利益を出せばいい。そういう「財務モデル」の形に資料を直してみた。

最初は「お医者さんだから経営に不慣れで、経費の無駄が多いんじゃないか」という仮説を持っていた。病児保育施設にいる保育士さんや看護師さんへの給料が高すぎたりするんじゃないか、と。しかし経費はどれも妥当な数値で、異常はなさそうだった。

収入の面は、圧倒的に「補助金」という項目が多かった。小坂先生の病児保育施設は自治体から認められていて、事業を補助するお金をもらっていたのだ。それが経営をずいぶん助けているように見えた。その下に、補助金より額は小さいが、「利用料」があった。これを利用者数で割ってみたところ、子どもを一日預かるというのに、わずか二〇〇〇円程度しかもらっていないことがわかった。東京都内でベビーシッターを頼むと、一時間一五〇〇〜二〇〇〇円である。片や小坂先生の病児保育施設は一日十時間以上預かって、二〇〇〇円しか取っていない。いくらなんでも、安すぎる。

これだ。価格設定が間違っている。この部分を直せば、小坂クリニックは赤字じゃなくなる。教えてあげれば、先生きっと喜ぶぞ。

僕はホームからクリニックに舞い戻った。受付の関谷さんが汗くさい僕を見てびっくりする。そして診療の合間の先生に急いで説明する。喜ぶかと思ったら、先生は首を横に振って言った。

「いや、価格はいじれないのや。区から『その値段でやれ』と言われてるんや。僕らじゃ変えられん」

「何言ってるんですか。『値決めは経営』ですよ。区がどうこう言う話じゃないでしょ」

僕は「経営の神」と言われる稲盛和夫氏の名言を引用して言った。

「いや、僕らは補助金もらってるから。補助金もらったら、区の言うとおりにせんといかんのや。そういう約束で補助金もらってるわけやからさ」

なんてこった。事業者を助けるための制度が、逆に事業者を赤字にさせているなんて。

■日本を象徴する「補助金のジレンマ」

よく、「国がやっている福祉事業」とか「自治体がやっている清掃事業」というものを耳にすることがある。なんとなく聞き流していた表現だが、ちょっと不思議な言葉だ。国という形のないものが、あるいはナントカ省とかナントカ庁の偉そうな役人さんたちが、額にハチマキを巻いてお年寄りの車椅子を押したり、ごみ拾いをしたりしているのだろうか。

もちろんそんなわけはなく、彼らは「こういう事業が必要だ」と思ったら、それに必要だと思われるお金を用意して、実際にお年寄りの車椅子を押したりごみを拾ったりしてくれる人たちにお金を払って活動してもらう。これが「補助金」という仕組みだ。

全国でごみを拾ってくれる人を集めるのは大変なので、国から地方自治体（都道府県や市区町村）に、「ほら、このお金をあげるから、業者を雇って、働かせてね」という形で補助金を投げる。国が行う事業、というのは基本的には、大企業が子受け孫受けで部品をつくるように、国から自治体にお達しがあって、自治体が事業者を募って行う、という構造になっている。

そして、この補助金は、タダではもらえない。国の取り決めに従うことが条件になる。何しろ行政のやることだから、そのあたりはガチガチに決められている。

病児保育の場合も、さまざまな取り決めがある。「保育士と看護師を一人ずつ置かなければならない」「子ども一人あたりにはこれだけの面積がなければならない」等々。もちろん、いい加減な業者が子どもを手荒に扱ったりしては困るので、安全に関わる事柄について取り決めを結んでおくのはとてもいいことだ。問題は、それが価格決定の自由にまで及んでいることである。

官公庁には「行政サービスは全国どこでも同じ価格で提供するべき」という考え方があり、病児保育事業についても国が値段を決めていた。それが一日二〇〇〇円という金額である。

ベビーシッターを頼むと、一時間で一五〇〇〜二〇〇〇円だから、市場価格の十分の一。利用者にとっては、非常に嬉しい値段設定だが、これでは事業者にとってたいした収入にならない。だから補助金に頼るしかない。

しかし補助金が十分ではないのだ。年間六六〇万円というのが基本的な額なのだが、これでは人件費と事務経費だけで飛んでいってしまう。家賃や水光熱費を支払うと、もう赤字だ。

奇妙なパラドックスである。補助金をもらうと一見事業は安定するようだが、実は赤字になってしまう。補助金はもらいたい。でも、もらうと成り立たない。

こうした現場の奇妙な状況に、国は気づいていないようだ。現場のことをよくわかっておらず、机の上だけで政策をつくっているのだろう。そうして、全国の九割の病児保育施設が赤字、という驚異的な状況を招いているのである。

■「成り立つモデル」を考えよう

病児保育事業は、経済的に成り立たない。だから、ニーズはあってもやる人が出てこないのだ。ならば、経済的に成り立つようなモデルを構築できれば、それを模倣して多くの事業者が参入してくるのではないだろうか。

実際に、僕たちが訪れた保育園や小児科のなかには「私は病児保育をなんとかしたいのよ」と言う園長さんや小児科医は多かった。しかし、「じゃあやりましょうよ！」とけしかけると、「私たちも余裕があるわけじゃないから……」と二の足を踏んでしまう。


つまり、関心がある人たちはいるのだ。経済的に成り立つモデルを提示できさえすれば、みんなそれを真似してやりだすだろう。そうすれば「病児保育施設が足りない」という社会問題は解決するに違いない。

では、どうすれば、経済的に成り立つ病児保育事業のモデルをつくれるのか。

悶々《もんもん》としていたところ、地域活性化コンサルタント会社の社長であり友人の木下くんが何気なく言った。

「このまえ中小企業庁に行ったらね、商店街担当の人が、『せっかくの補助金が全然使われない』って嘆いていたんですよ。それで思ったんですけど……。商店街はいま、どんどん空き店舗が増えてます。なかにはシャッター通りなんて言われるようなところも多いんですよ。そこにね、ふつうの物売りの店じゃなくて、託児所とか高齢者のデイケア施設とかが入ったらどうかなって。役所が内装費とか家賃とかを大幅に補助してくれるから、けっこういいと思うんですけどね。誰もやらないみたいで……」

僕は木下くんの手を握った。木下くんは「俺にそんな趣味はない」と言おうとして口をモゴモゴしていたが、僕は無言で彼の目を見つめて言った。

「それですよ、それ」

家賃などの費用が免除されれば、病児保育も成り立つかもしれない。商店街の空き店舗に病児保育施設を。悪くないアイデアだった。

第4章　大いなる挫折

■ ちょろいぜ、社会起業

商店街の空き店舗を使って病児保育事業をする。
そのためには協力してくれる商店街が必要だ。困ると思いきや、そこは木下くんの腕の見せ所で、彼はすでに全国の商店街のおじさんたちとツーカーの仲だった。「ネットワークがないときは、ネットワークのあるやつに頼め」という言葉があったかなかったかは忘れたが、すぐに木下くんが威勢のいいおじさんを連れてきてくれた。

「おめえら若いのに感心だな、この野郎。俺のビル貸してやるよ」

しゃぶしゃぶ屋の店長、Tさんは、X区の商店街の集まりであるX区商店街連合組合の副会長を務めている。と言ってもわかりづらいが、商店街には、地域ごとにそういう商店街連合組合（商連）や商店街振興組合（振連）があるのだ。それを束ねる全国商店街振興組合連合会（全振連）というものもある。商連は任意団体だが、振連は商店街振興組合法という法律で規定された法人だ。一説によると、伊勢湾台風で被害を受けた商店街を救済するために政府が補助金を投入しようとした際、私的な商店の集まりにはお金を出せないので受け皿となる半公共的な団体を法律でつくった、という経緯があるらしい。ともかく、そうした組合をつくるなど商店街は生き残りをかけて一丸となって頑張っており、その副会長を務めるTさんは、いわば「地域の顔」だった。

なんと、Tさんは所有している古いビルを若いダンサーやアーティストに安く貸し出し、彼らに教室を運営させていた。NPOにも机を貸して事務所として利用させていた。いわば草の根インキュベーター。地域にそんな人がいること自体驚きだったが、僕らはありがたくそこにオフィスを置かせてもらうことにした。

さらに「地域の顔」のTさんは、僕をX区役所に引っ張っていった。商店街のことを担当する産業振興課と、保育のことを担当する保育課のそれぞれの課長に引き合わせてくれたのだ。彼らに僕のアイデアを説明し、協力を求める。

もちろん彼らは一回目の打ち合わせから「やりましょう」とは言わない。

「線としては悪くないかもしれない」

そんな言い方だったが、継続的に話し合えそうな雰囲気だった。

「課長、これからこの若えやつをよろしくな！」とTさんが念押しした。

そのあともTさんは地域の商店街のキーマンたちを回って、「空き店舗情報があったら教えてくれ」と頼んでくれた。

「空き店舗なんて掃いて捨てるほどあるぜ、Tさん」

商店街のおじさんたちは笑ってそう答えた。条件に合うものが出てきたら報告してくれると言う。

真夏の炎天下、商店街を汗だくになって二人で歩きながら、僕は尋ねた。

「Tさんは、どうしてこういう地域活動をされてるんですか」

「おう、別によ。俺も若いころは全然興味なかったんだけどよ、娘が生まれてよ。で、娘に障害があったんだよな。それでさ、一人で授業受けられないから、学校に来るな、って先生に言われちゃってさ」

明るい口調は崩さないまま、Tさんは言う。

「俺はかみさんと一緒にさ、毎日、教室の外で立ってたもんさ。何かあったら、すぐ入っていって娘を落ち着かせられるようにな。そうして学校に行かせてもらってたんだよ。で、そういうふうにしてるとさ、学校とか福祉って、おかしなところだらけなんだよな。障害あるからって、あれやっちゃダメ、これやっちゃダメ、って。何言ってんだって思ったもんさ。障害あっても、あれもできる、これもできる、ってするのがおまえらの役目だろうが、ってよ」

僕は黙ってうなずく。

「商店街もさ、やれダイエーができたから俺たちは食っていけなくなった、とか文句ばっかり言ってやがんだ。違えだろうが、ってよ。おまえらの努力が足らねえんだよ、って。だから俺はさ、もう商売だけやってんじゃダメだ、って思ったんだよ。商店街がまちづくりに関わっていってさ、福祉でも教育でも巻き込んでさ、それでちゃんと住民たちが信頼してくれて、町が成り立っていく、っていうふうに変わっていかなきゃダメだ、って思ったんだよ」

そうなのだ。商店街が衰退する原因としては、人々のライフスタイルの変化や大型スーパーマーケットの出店など外的要因が考えられがちだが、商店街内部にも原因がある。たとえば、商店街に土地を持っている地権者が、駅前一等地の価値を信じ、借り手の商店が店をやめてしまっても、土地の値上がりを信じて空き店舗のまま放置してしまう、という状況があちこちに見られる。結果、新規参入が滞り、気がつくと「二十年前の物干し竿を売っている商店街で誰が買い物するんだ?」という事態になるのだ。

外的要因に対して文句を言っていても何も変わらず、事態は悪くなるだけだ。自らまちづくりに関わる姿勢を持って、努力する人が増えなければならない(ちなみに僕は、商店街内の土地については一定期間以上は空き店舗にしないよう条例で規制することも必要だと考えている)。

地域社会と正面から向き合い、不条理や因習と格闘して、変化を生み出していこう。Tさんの話は、僕にそんな決意を促しているように思えた。

区の保育課の課長には、プロジェクトの進捗をこまめに報告した。

「僕たちが、必要なお金と空き店舗と小児科医を見つけます。課長は、中小企業庁が出している補助金を申請してください」

「わかってるよ、駒崎さん。この補助金は区が東京都に申請し、東京都が中小企業庁に申請して通るようになっている。もちろん区で通れば東京都や中小企業庁で断られる可能性はほぼない。区は、商店街や小児科医のバックアップがきちんとあれば申請します。このくらいのプロジェクトならば、私の決裁権の範囲でほぼ大丈夫だから、あとは駒崎さんたちの頑張り次第だ。期待していますよ」

課長は眼鏡の奥で優しく笑った。

「空き店舗が見つかった」という報告が入ったのは、季節が秋に変わるころだった。ターミナル駅から徒歩五分。これなら会社帰りの父母が子どもを迎えに来るのも楽だろう。僕たちはわくわくしながらその店舗に足を踏み入れた。定食屋の残骸が転がっている店内は暗かったが、表のシャッターの隙間から陽が差し込んでいて、埃が光を跳ね返しながらダンスするように舞っていた。

ものごとはいいほうに転がると、そのまま雪だるま式にいいニュースがくっついてくるものかもしれない。その空き店舗から七、八分歩いたところに小児科医があり、訪ねると若手の先生が出てきて、提携を約束してくれた。必要なピースは、すべて揃った。

この「商店街病児保育室」がうまく立ち上がって軌道に乗れば、次の施設、その次の施設、と増やしていこう。全国に空き店舗は腐るほどあるんだから、ほかの地域でも展開可能なはずだ。商店街への集客効果もあるはずだから、やり方をほかの商店街に教えれば、きっとやってくれるに違いない。期待と希望が僕の胸のなかで大きく膨らんでいった。

■区長の一言でおじゃん

希望に満ちた秋が過ぎ、「商店街の空き店舗を埋める補助金」の申請もようやく詰めの段階を迎え、僕は区の保育課に呼ばれた。

いつもはパリっとスーツを着こなしている課長が、今日はなんだかソワソワしていて落ち着きがない。年末の慌しさの話をしながら、しきりに手のひらをこすり合わせるような動作を繰り返している。

「実は、例の件ね。上からのストップが入ったんだ」

彼は僕の目を見ないで切り出した。

「ふつう、この規模のプロジェクトで上がどうこう言うことなんて、まずないんだが、なぜか、ストップがかかってしまったんだよ」

僕は事情が飲み込めなかった。

「上って、誰です？」

課長はおでこをさすった。まだ僕の目を一度も見ていない。

「……トップだよ。区長だ」

「なんで区長が、わざわざそんなことを言い出すんです？」

「いや、それがわからないんだ……」

出世頭と言われる切れ者の課長も、困り顔で言いよどむ。

それ以上の説明はなかった。

わけがわからない。地域のためにいいことをしようとしているのに、なぜ自治体の一番偉い人が出てきて、それを阻止するんだ？

施設をつくるには莫大なお金がかかってしまうため、区からの補助金が出なければ、開業は実現できそうにない。それに、補助金がなければ、事業モデル自体が成り立たない。目の前が真っ暗になる。

理由がまったくわからず、手伝ってくれていた地域の保育園の方や商店街のおじさんに聞いて回った。もともと児童館に勤めていた中年の女性はこう言う。

「ああ、区長はNPOとか、嫌いなんだよ。ほら、うちの区はさ、市民運動と長い戦いの歴史があるんだよ。あら、知らないの？　保育園の先生たちが共産党に煽られて、組織化しちゃって、区に対してずっと署名運動やったり、反対運動やったりしたんだよ。子どもが人質みたいなもんだからさ、保育園に子どもを預けてるお母さん方もその活動に加わって、一大勢力になっちゃったわけ。それで区は市民運動つぶしにやっきになってさ。いまでも保育園が父母会をつくるのは禁止なのよ」

彼女はモロキュウをかじった。

「それとNPOになんの関係があるんですか」

僕は出されたお茶を飲む気にもならない。

「だーかーらー、NPOなんて市民運動とたいして変わらないものなのよ、彼らにとってはさ。だからうちの区は大きなNPOがバシバシ活動している、っていうことにはなってないでしょ？」

「NPOは政治の失敗を補完する新たな可能性である」と社会学の本は励ましてくれるが、現実はそうでもないらしい。

いままで一年近くかけて積み上げてきたものが、がらがらと崩れていくのを感じた。

それでも僕は、現実を認めるのが嫌で、もがいた。

商店街の知り合いに、さる大物政治家の後援会長をやっている人がいた。僕はその後援会長に頭を下げた。彼は大物を通じて、東京都の副知事を紹介してくれると言う。僕はお礼を言って後援会長のお店を出たが、帰り道は腹立たしさと悔しさで涙が止まらなかった。どうしてこんなことをしなくちゃいけないのか。

そして、都庁の信じられないくらいフカフカの赤じゅうたんを通り抜け、副知事に会った。

「X区の区長さんに直接お会いして、僕の事業の意図を伝えたいんです。これはX区にとってマイナスになるものじゃありません。反対運動とか、そういったことでは全然なくて、社会の問題を事業で解決するものなんです。区長さんに会わせてほしいんです」

副知事はゆっくりと、座ったまま言った。

「私からちょっと伝えてみるよ。彼がどう反応するかはわからないが」

数週間たっても、区長からの連絡はなかった。

そうして僕は、自分が完全に敗北したことを知った。

■「金返せ」とキレる企業の社会貢献部

ＣＳＲという言葉が出回りはじめていた。Corporate Social Responsibility の略だが、「企業の社会的責任」という訳語で説明される。つまり、現代の企業活動において、企業はもはや営利を追求するだけではダメで、地域や社会の問題解決に貢献しないとその責務を果たしているとは言えない、という考え方だ。その影響で、大企業の多くは「社会貢献室」というような部署を設けたり、ＮＰＯに対して助成金を出したりしていた。

僕たちも大手ＩＴ企業の某社から助成金をいただいていた。商店街病児保育室の設立のためである。

僕たちは事情を説明しに行った。不幸にも区長の介入によって当初あてにしていた補助金を申請できなくなったこと。それによって事業モデルを組み直さなければいけないこと。建て直しに時間はかかると思うが、地域を変えるなどなんとか工夫して同様の形で事業をつくっていきたい、ということ。

説明し終わると、担当者の中年女性は一言、こう言い放った。

「じゃあ、助成したお金を返していただきましょうか」

僕は一瞬呆気《あっけ》にとられた。

「え、どういうことですか。僕たち、ここでやめるとは言ってないじゃないですか。なんとかほかの方法も考えて、やっていこうと思っているんです」

大手ＩＴ企業の「社会貢献」部担当のおばちゃんはフンと鼻を鳴らした。

「結局あなた方はいろいろな言い訳をしてるけど、嘘をついたわけでしょ。やる、って言ったことができなかったんだから、お金を返していただくのは当たり前のことでしょ？」

僕はキレた。

「はあ？　こちとらリスク背負いながら事業やってんだよ。お祭りやります、とか冊子つくります、とか予定が狂うはずもないことやってるボランティア団体とは違うんだよ。事業にトラブルは付き物、ちょっと予定が狂っただけじゃないか。あんたみたいに人生で一度としてリスクをとったこともないやつが、たまたま大企業にいて、たまたま金を出せる、しかも自分の金じゃない金を出せるってだけで、何を偉そうに言ってんだ。社会貢献部が聞いてあきれるぜ、くそったれ！」

そんなセリフが喉まで出かかったが、ここでキレたら二〇〇万円が彼方《かなた》に消えてしまう。僕はじっとこらえて、「はい、すいませんでした」とうつむいて小声で言った。

その社会貢献部は助成対象を審査するノウハウがないのでＮＰＯの支援団体と組んで助成金プログラムをつくっていた。その支援団体のとりなしもあって、僕たちは全額返済ではなく、半額返済ということですんだ。それでも、予定していた一〇〇万円がなくなってしまうのは、この時期大変な痛手だった。新宿のピカピカのビルをあとにしながら唇を噛む。企業の社会的責任とやらの実相がどういったものかを僕は胸に刻みつけた。

もちろん、企業の社会貢献プログラムは偽善的である、と言うつもりはない。しかし、担当者がNPOの活動についてよく理解していないことなどが原因で、企業とNPOのミスコミュニケーションが生じることが往々にしてあるのだ。

企業がNPOの金づるになるのではなく、両者が対等なパートナーとなることが理想だ。そして、企業にそれを要求できるくらいの実績と強みを持つことがNPOには求められる。自分たちの事業モデルを確立し、成果を出し、メディアなどにも露出してブランドを築くことが、結局のところ必要なのだ。大企業になめられたことは、裏を返せば僕たち自身の力が全然足りていないということの端的な証拠でもあったのだ。

■泣きっつらに失恋

プライベートでは、彼女と夜電話がつながらないことが何度かあった。働きはじめで彼女も忙しい。残業やら何やらで、連絡が取れないこともあるだろう。

きちんと話ができたときは幸福だった。さまざまなことがうまく回らなくなっていた当時の自分は、張りすぎたギターの弦みたいで、少し弾くと神経質な高音が耳をつくような状態だった。そんなとき、その日あったことを彼女に聞いてもらえると、不思議に気分が落ち着くのだった。

新宿の夜景がきれいに見える彼女のワンルームマンションに、いつものように泊まりに行った夜のことだった。彼女がシャワーを浴びているとき、ベッドの上に転がっている携帯電話が目に入った。いつもはたいして気にもかけない機械が、青白いランプをなまめかしく点滅させている。

気づいたら、携帯電話は僕の手のなかにあり、メールボックスが表示されている。大半は僕の名前だが、一部知らない男の名前が入っていた。連絡が取れなかった一昨日の夜のメールもあった。

僕の心臓が早鐘を打つ。そっとボタンを押して、知らない男からのメールを開ける。それに対する彼女の返信も見る。そして閉じた。

目を閉じて息を吸おうとしたが、うまく吸い込めない。すべての好意的な解釈を並べてみようと思ったが、それは絶望的にわかりやすいメッセージだった。あったところにその機械を戻した。度の合わない眼鏡をかけさせられたように、周囲の存在が歪んで見える。

バスタオルを体に巻いて彼女が出てきた。黒い髪が濡れて色白の首筋に張り付いているが、首から上を見られなかった。白いマネキンみたいな体がゆっくり近寄ってきて、ベッドに腰かけた僕の横に座る。膝のあいだで合わせた僕の両手に、彼女の手が重ねられる。妙に生暖かかった。

僕の心臓の鼓動がどんどん早く、どんどん大きくなっていく。そして勝手に口が動いた。

「あの、さあ」

「うん？」と彼女が壊れた機械のように小首をかしげる。

「もう、会わないほうがいいと思う」

そう言って彼女の顔を見る。大きく見開いた目が何かの生き物を連想させた。

「……なんで？」

僕は彼女に説明しようとしたが、言葉が出てこない。「ねえ、なんでよ」と腕をつかまれながらベッドの隅に転がる携帯電話を見ると、それはこちらをうかがう小さな生き物のように、青白いランプを点滅させている。僕は立ち上がった。

「なんで?」と繰り返す彼女を振り払って玄関へ向かう。ドアノブに手をかけたとき、もう片方の腕に痛みが走った。彼女がものすごい力を込めて両手でつかんでいる。枝のような細い体にそんな力があることに気味が悪かった。瞬間、「放せ!」と叫んでしまった。彼女は玄関にくずおれた。僕は肩で息をしながら、うな垂れてすすり泣く彼女を見下ろした。

何か声をかけようとしたが、言うべき言葉がどうしても見つからなかった。

逃げるように彼女のマンションを出て夜道を走った。でもどこに帰ればいいのか、自分がどこまで走ってきてしまったのか、よくわからなくなっていた。

■「君は本当は何をしたかったの?」

心が折れた。

そういう表現が適切な心理状態はあるもので、それはこのときの僕のことだった。もはや、二年間学生社長として経営をしてきた自信など、ズタズタになっていた。そもそも間違いだったのだ。ITベンチャーの世界で新しいことを始める能力と、保育なんていう旧体制の分野で生き抜く能力が、同じであるはずがない。

もうやめよう。しょせん日本は日本で、アメリカとは違う。社会を変える事業に個人が果敢《かかん》に挑んでいくアメリカ型の動きは、この日本にはなじまないんだ。寝転がって全部行政にまかせていくのが日本人には一番似合っているんだ。

これまでお世話になった人たちに謝りに行かなければと僕は思った。商店街の熱いおじさんたち、優しい小児科の先生、いろいろなアイデアをくれたお母さんたち、学校も行かずに手伝ってくれているインターン生。みんなのことを考えると胸が痛んだ。「できるだけ告白を先延ばしにしたい」と逃げの思考になっていたころ、支援団体への報告の日が来た。

支援団体。立ち上げ期のNPOは、多かれ少なかれ、どこかの団体の支援を受ける場合が多い。お金をくれたり、相談に乗ってくれたり。そのなかでも特に世話を焼いてくれたのが、NPO法人ETIC.だった。

ETIC．の宮城代表には「仙人」というあだ名があった。仙人は三十代前半なのにすでに老成していて、ものを食べるのを見たことがない。猫背で痩せていて、そのくせ人を射るような眼光を発していて、その言葉は重く、鋭い。何より、事業を行うNPOを十数年回しているNPO経営者の先輩としての威圧感はとてつもなかった。

僕はそんな仙人に月一回呼び出されて状況を報告し、仙人はそれを聞いて、いくつか問いを発する。下手なコンサルタントは限られた情報からありがちな処方箋を提示してきて迷惑なだけだが、彼の助言はつねに問いかけだった。問いに答えていくうちに、進むべき方向が見えてくる。そういう不思議なやり取りをしていた。

今回の仙人への報告は、本当に恐ろしかった。ただでさえ頭の上がらない仙人に、「僕、もうやめます」と言いに行くのだ。気まずいにもほどがある。

多くのIT企業が入っている恵比寿のオフィスビルのなか、ETIC．のオフィスもあった。会議室からは灰色の渋谷や新宿のビル群が見渡せた。CGみたいなビル群を見ていると、X区のごみごみした商店街や、実習で触れ合った子どもたちなんて、まるで夢だった気がしてくる。

仙人がいつの間にか席についていた。事務局長の優しいお姉さん、鈴木さんも一緒だった。鈴木さんはニコニコして、

「どうしたの。なんか元気なさそうじゃん」

と声をかけてくれた。

僕は仙人のほうは見ずに、優しい鈴木さんの目をチラチラとうかがいながら話した。

「あの、なんていうか、最近いろいろありまして……、その、方向を変えるというか、撤退というかですねえ……」

仙人は何も言わない。

区長のストップがかかって、あてにしていた補助金が得られなくなってしまったこと。それに伴って、たとえ施設を開いても経済的にはやっていけそうにもないこと。だから施設の立ち上げ自体あきらめたほうがいいこと、等々を早口で話した。「ね、だからもう、しょうがないですよね」と。

僕が「そういうわけで、いままでお世話になりました」と言おうとしたとき、仙人がおもむろに口を開く。

「君さ、本当は何がしたかったんだっけ？」

僕は仙人を見る。彼は、だるいのか肘かけ椅子にぐったりと体を預け、しかしこちらを凝視している。僕の目を見ているのか、それとももっと先を見ているのか、よくわからないがすごい圧力だ。でも僕はそういう仙人の態度になんだか腹が立った。

「仙人、いや宮城さん。何がしたかったかは、いままで数百回くらい言ってきたと思うんですけど」

僕はぶっきらぼうに言い放った。

「聞きたいな」と仙人はぐっと身を乗り出す。

「だから、病児保育問題を解決したかったんですよ、僕は。そんなこと知ってるでしょう。何十回、何百回と言ってきたじゃないですか。僕は頑張ったんです。慣れない保育もしたし、変なおばちゃんからキレられながらも、地域を駆けずり回って、チャンスを拾っていった。そうしたら、何かよくわからない力が働いて、急にダメになっちゃったんですよ。僕にはどうしようもなかった」

話しているうちに涙声になってきた。ダメだ、格好悪い。格好悪さを隠すために、仙人に食ってかかるような口調になっていた。

「へえ……」と仙人は椅子にふんぞり返る。僕から目を離さない。嫌なやつだ。

「病児保育問題を解決したかった、か。病児保育の施設をつくりたかったわけでは、ないんだね？」

仙人は肘かけに頬杖をついて、ゆっくり言った。

「同じことでしょ⁉ 病児保育は、ばかげた補助金のせいで経済的に成り立たない領域なんです。だから、わざわざやる人が少ない。だからみんな、子どもを預けたくても預けられなくて困ってる。だから僕が、経済的に成り立つような施設をつくって、広げていこうとしたんですよ。でも、もうそれも過去の話ですよ。僕にはもう、何もない！」

泣きながら文句あるか、というふうに仙人をにらみつける。

仙人はもう一度同じようなことを言う。今度はより大きな、はっきりとした声で。

「病児保育の問題解決のために、新しい『病児保育の施設』が必要なのだね？」

僕はキレそうになった。「同じことを何度も言わせるな」と言いかけて、ハタと気がついた。

施設をつくることだけが病児保育問題を解決する手段ではない。

「あ」。僕は言った。

鈴木さんが相変わらずニコニコしている。

僕はうわごとのように勝手に喋りだす。

「待ってくださいね。僕は短期的なものにとらわれていたかもしれない。施設をつくる、というのは手段だった。目的は病児保育問題を解決することだ。いつの間にか手段が目的になってしまっていたんだ。別に施設だけが手段ではないですよね。いますぐは思い浮かばないけど、何か違う方法を新しく考えればいいんだ！」

仙人はニヤリとした。仙人の笑顔は珍しい。

僕は出された麦茶を一気に飲んで、「また来ます」と言ってＥＴＩＣ．を出た。

やめるのは、もうちょっとだけ走ってからにしよう。

空っぽになっていた僕の胸の箱を振ると、コロンコロンと何か入っている音がした。中身は何かわからなかったけれど、その音だけで十分だった。

第5章　世の中のどこにもないサービスを始める

■「松永のおばちゃん」方式

ノートを開いた。

「考えるときは頭のなかだけで考えてはいけない。必ず手も一緒に動かすことだ」

そう教えてくれたのは、大学受験のときに僕に小論文の書き方を教えてくれた地理の先生だ。先生は左翼の闘士だった。頭のなかでは思考が流れていってしまうが、ノートの上に書き連ねていくと、イメージが蓄積し、発想の劇場が生まれる。

さっき気づいたことをノートに殴り書きする。施設をつくるだけが病児保育問題の解決方法ではない。病児保育の問題は、「預かる場所」が少ないということだ。預かる場所を示す円をノートにちょこちょこと書き、全体を囲い、「少ない」と書く。しかし預かる場所は、専門の施設でなくても、どこか別の場所でもいい。どこだ？　公民館とか児童館とか、公的な施設の一室を借りる？

いや、行政が絡むことは一切やめよう。彼らが「ダメ」と言った瞬間に成り立たなくなる仕組みは、普遍的なモデルとは言えない。

そのとき、ふいに笑った金歯のおばちゃんの顔が脳裏をよぎった。

松永のおばちゃんだ。松永のおばちゃんは、そういえば僕を預かっていたじゃないか。病《や》めるときも、健《すこ》やかなるときも。

松永のおばちゃんを、大量生産すればいいんじゃないか？

僕の頭のなかで、大勢の金歯のおばちゃんが一糸乱れず行進しはじめた。

そうだ、松永のおばちゃんの家を病児保育の施設にしてしまえばいいのだ。

松永のおばちゃんが、自宅で他人の子どもをあやし、寝かせている光景が目に浮かぶ。

ふと、子どもが咳き込む。顔が青くなっている！　松永のおばちゃんが慌てる。パニックになって頭を抱えて、円を描いて走り回っている。

……これはまずい。松永のおばちゃんは医療のプロではない。医療のプロでもないおばちゃんに病児保育が可能なのか？

すると、松永のおばちゃんは電話を取り、どこかにかけた。

「先生、熱が急に上がったんですが、どうしましょうか」

僕の脳内劇場に、今度は白衣を着たおじさんが登場した。

「とりあえず私が処方した解熱剤を与えてください。三十分たっても熱が下がらないようなら、また連れて来てください」

……そうだ、医師と提携して、預かっているときにアドバイスをもらえる体制を構築すればいい！

松永のおばちゃんと子どもが笑っているイメージが膨らんだ。

僕は、この「脱施設モデル」を新たに採用することに決めた。

■ ありえないお金のいただき方

喜び勇んで「脱施設モデル」を引っさげ、僕はまたいろいろな人に意見を聞いた。話を聞く時間がない相手にはラブレターを書くような熱心さでメールを送って質問した。

「もし、こんなサービスを使うなら、あなたは一時間いくらまでなら払いますか」と。

彼女たちの意見はまちまちだったが、ふつうのベビーシッターよりも多少高いくらい、あるいは同じ程度が平均値だった。

その値段をエクセルでつくった財務モデルに入れ込んでみる。

な、成り立たない……。

数字は、何よりも正直で、そしてシビアだ。病児保育の何が厄介だったか。それは季節変動だった。冬場はたくさんの子どもがインフルエンザや風邪などで熱を出す。だからニーズは増え、そのぶんお金は稼げるだろう。しかし夏場はどうだ。目立った感染症が流行らないかぎり、利用率は落ち込む。それは小坂先生の施設の利用者数の推移を見ても明白だった。これではキャッシュフローが安定しない。それは事業を行う者にとっては相当に痛いことだった。

それなら、病児保育以外にも、健康な子どもも預かるようにしたらどうか。たしかに、日々子どもを預かることができれば、キャッシュは継続的に入って安定するだろう。しかし、それではふつうのベビーシッター会社となんら変わらなくなってしまう。

ベビーシッター市場は、正直、魅力的なものではなかった。人手さえあれば誰でもできるため、多くの零細企業がひしめいていた。収益率の高い高価格帯は大手企業数社による独占状態で、零細企業が低価格帯で客を取り合っている、という様相を呈《てい》していたのだ。彼らは低い収益率を少しでも高めようとコストをどんどんカットしていて、保育スタッフのトレーニングが不十分なところも少なくない。そして、病児保育は一般の保育と比べてリスクが数段高い。ほかのベビーシッター業者と同じやり方をしてしまうと、事故という最悪の報復が跳ね返ってくることは容易に想像できた。

ベビーシッターと同じような仕組みにするのは嫌だ。だが、安定的に収入を得られる仕組みは必要だ。お金のいただき方を工夫しなければならない。しかし、どう工夫する？　僕はまた行き詰まってしまった。

目黒川沿いをトボトボと歩き、家に帰る。借りていたボロマンションの郵便受けを開け、広告だらけの中身を引き抜く。ほとんど見もせずに捨て、請求書だけが手元に残る。エレベーターで九階に上がる途中にクレジットカードの請求書を開け、一瞥《いちべつ》した。

電話代や電気代が並ぶ、いつもと変わらぬ文面。変わったことと言えば、先月から加入した若干エッチな動画の見放題定額サービス（月額三〇〇〇円）だけだ。最近、保育園の挨拶回りなどで面が割れてきたので、おちおちレンタルビデオ屋でその手のビデオも借りられなくなってしまった。そんなところをお世話になっている保育園の先生などに見られたらこの世の終わりである。それに比べて、インターネットからダウンロードするのはとってもセーフティー。ありがたい世の中になったもんだ。

って、待てよ。

インターネットの世界では、定額制が当たり前になっている。オトナの動画をはじめとして、プロバイダー料金、携帯電話で交通経路を調べるときの検索サービス等々、たくさんある。これは収入的にはかなり安定しているはずだ。解約されないかぎり、月々、利用料が入ってくるのだから。

でも、これは情報やコンテンツを売るインターネットの世界だからこそ可能なのかもしれない。一〇〇個の物を売れば一〇〇個分の原価がかかるふつうの商売と違って、オトナの動画を一人がダウンロードするのも一〇〇人がダウンロードするのも、動画をつくる側の手間は同じだ。だからダウンロードは思う存分させる代わりに毎月払いつづけてもらう、という構造が成り立つのだ。

では、インターネットの世界以外で、定額でお金を払いつづけてくれるモデルはないのか。

ある。保険だ。

保険は、万一の事態が起こったときのためにお金をかけつづける。そして本当に困ったときに、かけていたお金の何倍もかかるコストを負担してくれるのだ。よく考えると、なんだか病児保育に似ている。ふだんは別に必要ではないが、困ったときには切実に必要とされるのだ。

保険みたいな仕組みにするのはどうだろう。

通常の保険と同じ形にするのは、法律の規制などがあってたぶん難しいから、擬似的な保険、「なんちゃって保険」にすればいい。つまり、月々お金をかけつづけてもらって、病児保育が必要なときはタダで助けてあげればいいのだ。これで毎月の収入は確実に安定化するぞ！

気づいたら九階で降りるのを忘れてそのまま一階に戻ってしまい、乗ってきた人たちが不思議そうに僕を見ている。そうだ、保険型だ。あるいは共済型と言ってもいい。

もちろん、病気などめったにならない子どももいれば、病気がちな子どももいる。だから、子どもたちの発病率に応じて掛け捨ての月会費を払ってもらい、数カ月ごとに再見積を行う。利用が少ない家庭の会費はじょじょに下がり、利用が多い家庭の会費はじょじょに上げる、という仕組みにすれば、各家庭にとって手頃な価格にできるだろう。特に病弱な子どものいる家庭の会費は僕たちにとって割に合わないかもしれないが、本当に困っている家庭を比較的健康な子どもの家庭が一定程度支える、という共済的な趣旨は、受け入れてもらえるのではないか。

保険共済型課金システムを採用すれば、この仕組みは成り立つに違いない。エレベーターのなかでノートパソコンを開いてエクセルをいじりはじめた僕を、同乗者たちは再び不思議そうな顔で眺めていた。

■地方から「留学」してきた学生

新たなビジネスモデルを思いついた僕だったが、そのころは一人ぼっちだった。当初、力を貸してくれていた学生インターンたちはみんな就職してしまい、僕はさまざまなことを一人でこなさねばならなくなっていた。

そんなとき、不思議なやつが訪ねてきた。眼鏡で長身でぬぼーっとした風貌のその男は、古橋と名乗り、大学四回生だと自己紹介した。

「四回生って、関西出身なの？」

「はい。大分の立命館アジア太平洋大学から来ました」

鼻が詰まった彼の声は、なんとも聞きとりづらい。

「大分、って、九州の？」

「はい。生まれは京都なんですけど、大学は九州の大分ですわ。一年間休学して、まちづくりの勉強をしにこっちに来ました」

聞けば、ほかの企業でインターンをしていたが、しっくりこなかったらしい。僕は自分のやろうとしている「地域が病児保育を解決するモデル」についてマシンガンのように話した。ぬぼーっとしていた古橋くんをマシンガンで一斉射撃しているうちに、彼の濁った目に灯がともりはじめ、そのうち爛々《らんらん》と輝いてきた。

そこで「おまえ、いいよ。とってもいい。ちょっと一杯付き合えよ」と居酒屋へ拉致した。

ビールと日本酒を飲ませると、目をギラギラさせて、彼は思いを語りはじめた。

「僕は環境問題に興味があるんです。まちづくりにも興味があるんです。女の子にも興味があるんです。どれを選んでいいんだかよくわからんのですが、とにかく理不尽なことが嫌いで、社会をよくしたいと思ってるんっすわ、駒崎さ〜ん。どうなんでしょうか、こんな自分は」

「じゃあ古橋くん、しばらくフローレンスで勉強してから、将来、環境問題でもまちづくりでも、自分の力で切り開いていく、っていうのはどうかな？」

「いいっすね、駒崎さん。僕、やりたいっす。やらせてください。ぶおー」

と枡酒を一気にあおった。鼻は先にも増して詰まっていた。

ソーシャルベンチャーにコミットメント（参画・貢献）してくれる人材は、直接その分野に原体験や興味を持っている人間に限らない。特にスタートアップ時点においては、社会起業家の人柄や想いに惹かれて入ってくる例は多いようだ。社会起業家を目指す人は、どんな人でも自分の力になりうる、という謙虚な姿勢を取るべきだろう。

その日をさかいに、僕と古橋は朝から晩まで一緒に立ち上げの準備を行うようになった。一日十四時間くらい顔を合わせて働いた。仕事帰りは、遊びに行く金も時間もないので、コンビニご飯を食べながらばかな話ばかりしていた。

「駒崎さん、駒崎さんはかわいそうな人だ。胸の魅力がわからないなんて」

強硬な胸部重視派の彼が言う。対して脚重視派の僕は、

「胸が好きな男は、マザコンだ、って言う説もあるぞ、古橋」と反撃する。

「駒崎さんは、全然理解していないすわ。僕は五歳のころ、『いけない！　ルナ先生』というちょっとエッチな漫画を読んで、覚醒したんです。そこから僕の胸を追い求める人生はスタートしました」

古橋は遠い目をしながら言った。

「ぶははは、やっぱりおまえ、バカだな」

自分たちが本当に事業を立ち上げられるのかまったくわからない状況ではあったし、起きている時間のほとんどを仕事に使っていて、精神的にはぎりぎりの状態だったが、不思議と楽しかった。たぶん、二人ともばかだったのだ。

■年収一〇〇〇万円のコンサルタントが仲間に

古橋とばか話をしながらせっせと起業準備に励んだころからさかのぼること半年、再スタートを切ろうとしていた僕は、病児保育についての対外的な広報活動もしていた。

あるとき、「子育てにイノベーションを」という威勢のいいタイトルをつけたシンポジウムを開催した。

この業界に入る前は、シンポジウムなどの集まりがなんのために開催されているのか意味がわからなかったが、これは一種の世論形成とネットワーキングのためなのだと理解するようになっていた。

つまりこういうことだ。たとえば、僕が女性に非常にモテなかったとしよう（実際そうなのだが）。そして僕が、自分が女性にモテないのは、女の子を構うのを面倒くさいと思っていたりルックスがイマイチだったりすることが原因ではなく、「俺がモテないのは新自由主義経済がもたらす新たな格差のせいである」と思い至ったとしよう。僕はこのアイデアを多くの人に知ってもらいたい。そんな場合の武器がシンポジウムである。

やり方は簡単だ。企画書を書き、場所を借り、その業界、たとえば（あるのかわからないが）「モテない男業界」での著名人や、それに類する学識経験者などをパネリストとして迎え、ディスカッションしてもらえばいい。パネリストには謝礼を支払わなければならない場合もあるが、シンポジウムの趣旨に賛同して無料で出てくれる場合もある。人の気を引きそうな案内メールの文面をつくり、知り合いに「友達に、送れるだけ送ってくれ」と依頼する。多くの人が入っているメーリングリストにも送信する。連絡先がわかる相手には電話でアタックする。紙のチラシもつくって、新聞社や雑誌社などのメディアに送りつける。興味を持ったところは事前に「こういうイベントが行われるそうです」と告知してくれる場合もあるし、「モテない男のイベント」の熱気をあとから伝えてくれるメディアもある。

そのモテない男のシンポジウムに興味を持ってくれる観客は、モテないことへの問題意識を持っている人たちだ。なかには僕のアイデアに強く賛同してくれる人々もいる。

「僕も前からおかしいと思っていました。モテないのは僕の責任ではなく、グローバル資本主義のせいなんですね」と涙を流して僕の手を握ってくれるかもしれない。

こうして新たな同志と出会い、パネリストとして呼んだ専門家とのパイプもできる。メディアも興味を持って僕の持論を取り上げてくれる。そのうち、モテない男たちが立てこもり事件を起こした際には、コメントを求められるようになってくる。そして僕はあっという間に「モテない男の問題を語らせるなら、あいつだ」という専門家のポジションを獲得していくのだ。シンポジウムとは、このような意義のあるイベントなのである。

前書きが長くなってしまったが、僕はマイナーもいいところの病児保育問題を世の中に知らせたいと思っていたし、さらにこの問題に関心がある人たちに僕らの存在をアピールし、力を貸してもらいたかった。そういうわけで「子育てにイノベーションを」というイベントを開催した。一五〇人ほどの人たちが集まった。

参加者のなかに彼女、岡本さんもいた。シンポジウムが終わり、数十人の方々と名刺交換をした。こうして挨拶することは、のちに同様のイベントをする際にも役に立つ重要なことだ。彼女の名刺も受け取っていた。だが、このとき何を話したかは、ほとんど記憶に残っていない。個人事業者の名刺しか持っていなかった彼女に対し、僕は特別な注意を払ってはいなかった。

二度目に会ったのは、それから十カ月近くもたったころだった。そのころには四人に増えていたインターン生のうちの一人、大学時代のサークルの後輩でもある藤本志保子が「コマさんのビジョンに興味を持っている女性がいる」と言って夕食会をセッティングしてくれたのだ。

時は二〇〇五年二月。フローレンスの新たな「非施設型」かつ「保険共済型」モデルのサービスインを二カ月後に控え、僕がとてもナーバスになっていたころだ。いつもだったら「紹介したい女性がいる」と誰かに言われたら、「行く行く行く、その人、彼氏いるの？」というようなノリだったが、そのときばかりは違った。ただ、せっかく人を紹介してくれようとしている可愛いインターン生の気持ちを無駄にしないよう「とりあえず一時間だけね」と笑顔をつくりつつ、しぶしぶ飯を食いに行ったのだった。

中目黒のこじゃれたレストランに入ると、すでに藤本と、藤本が連れてきた彼女、岡本さんは席についていた。二十代後半くらいに見える、パリッとしたスーツを着こなしている彼女は、流暢に自己紹介を始めた。

「私はフリーのマーケティング・コンサルタントをしています。商品のコンセプト開発から、市場導入戦略の企画立案などまで手がけています。仕事の形態としては某大手広告代理店のプロジェクトチームに外部から呼んでいただいて、お仕事をさせてもらっております。クライアントとしては、これまで○○や△△ビールさんのお仕事をさせてもらいました。化粧品の×××、ビールの□□□という商品は、私のチームでやらせていただいた案件です」

テレビをほとんど見ていない、したがってCMもよく知らない僕でも聞いたことのある会社名や商品名。なんだか、すごそうな人だ。そう思って見ると、ただならぬオーラが漂っているような気がしてきた。

そして、岡本さんは子育て支援に関する自分の思いを語りはじめた。

「私は、結婚はしていますが、いまのところ子どもはいません。そんな私が子育て支援に興味を持ったのは、クライアントとの打ち合わせのときのことでした。次の打ち合わせのスケジュールが決まると、一人の女性の顔が急に曇りだし、席を立ちました。どうしたんだろうと彼女の様子を見ると、会議室の隅で携帯電話に向かって一生懸命謝っていたんですね。

『ごめんね、来週火曜日は仕事が入っちゃって、あなた保育園の迎えに行ってくれない？　無理なの？　そっか、じゃあお母さんに頼んでみるね。ごめんね』

『お母さん、ごめんなさい。実は……』

『シッターさん、急遽《きゅうきょ》変更なんですが、ごめんなさい……』

というように。

私は不思議な感覚を覚えました。彼女は何も悪くないし、このプロジェクトには欠かせない人物なのに、こんなにもいろいろな人たちに謝らないと仕事をつづけられないんだろうか、って。

広告代理店業界は、見た目の華やかさとは裏腹に、非常に過酷な働き方を強いられる業界です。夜の九時、十時からミーティングすることもあります。自然と、働く母親は前線から外れて、が多くなるんですね。それでも、大会社ならば居場所もありますが、たとえば私のようなフリーのマーケッターは、子どもができたらどうすればいいんだろう、と途方に暮れる思いがしたんです。仕事と子ども、その両方を選びたい、というのは無理なんだろうか？　そう思ったことから、職業病でしょうか、仕事と子育ての両立の実態を調べずにはいられなかったんですね。それで仕事でもないのにリサーチを始めまして、いろいろと調べるうちに、フローレンスさんのことを知ったんです」

古橋とばか話をするときとはモードを変えて、神妙な顔つきで僕は相槌《あいづち》を打つ。

「なるほど、よくわかりました。ありがとうございます。ただ、なぜ特にフローレンスに興味を持ってくださったのでしょうか。ほかにも、子育て支援のNPOならばたくさんあるでしょうに」

「そうですね。フィールドワークを進めるうちに、いくつかの団体の方と親しくさせていただくようになりました。それぞれにとても意義深い活動をなさっているのですが、私が最も関心のある『仕事と育児の両立』を事業領域としている団体ではないので、積極的に事業運営に参加しようとまでは思えなかったんですね。その意味で、フローレンスの病児保育は、まさに『仕事と育児の両立』を支援する事業なので、ぜひ何かお役に立てればと思ったんです。

それと、駒崎さんがまだお子さんがいらっしゃらない男性だということも、私に勇気をくれました。私もなんらかの形でこの問題に対して行動したいと思っていましたが、まだ出産や子育ての経験がない自分には、説得力がないんじゃないかと思い込んでいたんですね。でも、駒崎さんの姿を見て『私もやっていいんだ！　それなら、いますぐやろう！』って背中を押してもらった気がします。

ところで、一つ質問してもいいですか。駒崎さんは、フローレンスをなぜNPO法人になさったんですか。事業を運営するためには、当然コストがかかりますよね。その原資は一体どうやって確保するんだろう、などとても不思議に思うのですが……」

そこで僕は、ソーシャルベンチャーという考え方や、社会起業家というあり方について話をした。アメリカにはそういった人たちがごろごろ存在して、NPOが事業を行い、社会を担っていること。日本も「小さな政府化」していくなかで、民間発の事業型NPO（ソーシャルベンチャー）がどんどん出ていかねばならないこと。そして自分たちがその先駆けになりたいと思っていることなどを、古橋と胸の話をするときとは打って変わって真面目な表情で熱く語った。

岡本さんはクールな表情を崩さず、しかし深くうなずいた。

「なるほど、それは本当に共感できる発想ですね。マーケティングは、言ってみれば利益の拡大を目指してあれこれ手を打つわけなので、NPOとは真逆の世界で接点はないと思っていました。でも、今日駒崎さんのお話をうかがって、それは間違いだったとわかりました。少ないお金と人材で事業を推進するNPOこそ、マーケティングなどの戦略的な事業運営が必要なのかもしれませんね。もしよろしければ、私のマーケッターとしての技術をフローレンスさんで使わせていただけませんか。何かお役に立てることができたら嬉しいのですが」

とても嬉しい申し出だったが、僕は複雑な気持ちだった。こんな凄腕ビジネスパーソンに来てもらっても、僕らにはお金がない。学生インターンなら給料を払わなくてもついて来てくれるが、大人をインターンとして受け入れるのもどうかと思う。

「あの、お気持ちは大変嬉しいのですが、僕らはまだ起業準備中で、一銭もまともに稼げていないわけですね。ですから、給料はお支払いできませんし、なんていうか、ときどきお知恵を拝借する程度でご協力いただくのがいいのかな、とか……」

僕は遠まわしに言ってみる。すると彼女は相変わらずクールな表情を崩さず言った。

「いまの段階ではお金はいりませんよ。口だけ出すのでは私も逆にやりにくいので、手を動かして活動に参加していきたいと思っています。そのあたりはご遠慮なさらないでください」

こうして、岡本佳美さんがフローレンスに参加してくれることになった。マーケティングのマの字も知らない僕たちに、彼女は「いかにして商品のコンセプトをわかりやすく伝えるか」「そのためにはどういう資料をつくればいいのか」「メディアにはどう見られるのがいいのか」などを、具体的に手を動かしながら見せてくれたのだ。

僕のワードの資料を、色鮮やかな商品パンフレットに変えてくれ、ホームページの文言を直してくれた。サービスインまで残り二カ月であるにもかかわらず、利用者のためのマニュアルまで、急いで作成してくれたりした。あのとき彼女が入ってくれなかったら、と思うと背筋が寒くなる。

岡本さんが入ってくれたことを機に、彼女のような仕事を持つ社会人が参画してくれるよう、フローレンス内に「プロフェッショナル・ボランティア」（プロボラ）という制度をつくった。欧米では「プロボノ」（ラテン語で「公共の利益のために」という意味）といって、弁護士や会計士などのプロフェッショナルが、仕事の時間の数パーセントを非営利活動に使うことが一般化されている。日本ではそんな習慣は皆無に等しいが、今後はそういう流れも生まれるだろうし、先例をつくってそれを広めていくべきだ。という思いは実はあとづけで、当初は必要に迫られてつくったのだったが、あとに続々と、第二、第三の岡本さんがプロボラとしてフローレンスの門を叩いてくれることになる。

■こどもレスキュー隊員をゲットせよ

フローレンスが始めようとしていた「非施設型」「保険共済型」病児保育システム、名づけて「こどもレスキューネット」において最も重要なのが、「こどもレスキュー隊」という、地域に住む「松永さん」のような子育てのベテランたちだ。しかし、そんな熟女の友人はいない。どうやって彼女たちを集めたらいいのだろう。僕は途方に暮れた。

「どこかに子育てのベテランで、病気の子どもでも預かろう、っていう気合の入った人はいないかなあ」と独り言を言う。

いた。

しかし僕は、すぐにその考えを振り払った。最も頼みたくない人物だった。だが、この際そうしたプライドを捨てなければ、どうにもならない段階にきていた。

僕は実家のドアを叩いた。

母親が茶をすすりながら、憮然とした表情で言い放つ。

「あんた、なんで帰ってくるのよ。勘当する、って言ったじゃない！」

僕はカチンときたが、「待て待て」と自分をたしなめ、深呼吸をする。

そして膝を折り、手を床につけ、頭を垂れた。

「お母様、お力をお貸しください」

「何よ、あんた。そんなことしたって、お母さんは騙《だま》されないんだからね」

狼狽しつつも、悪態をつく母。しかし、その表情には動揺の色が見られた。

僕は「病気の子どもを、預ってください」と言い、さらに追い討ちをかける。

「お母さん、あなたのお気に入りだったお客さんみたいに、子どもが熱を出したために仕事をクビになる、そんな社会がつづいて、いいと思っているのですか」

「……い、いいなんて思ってるわけないじゃないの。何言ってんのよ、あんた」

「そうでしょ? 僕は、その問題を解決しようとしているのです。解決しようと思い立ったのは、お母さん、あなたの影響なんですよ」

「そ、そんなこと言われたって、お母さんだってベビーシッターで忙しいんだから……」

「お母さん、実の息子がやろうとしている事業と、パートの仕事の、どっちが大切なんですか。そこに愛はないのですか」

「あんた、なんてこと言うのさ! 自分のお腹を痛めて産んだ子に愛がないわけないじゃないのっ」

「そうでしょう、そうでしょう。お母さんならば、そう言ってくれると思ったよ。やっぱり、あなたは僕が信じていたとおりの人だった。ありがとう、お母さん。ともに病児保育が当たり前になる世界を目指そう!」

「わ、わかったわよ。預かればいいんでしょ、預かれば。か、感謝しなさいよ、あんた」

「お母さん、大好き!」

彼女のお腹から生まれ落ちてから一度も見せたことのないような笑顔をして、しめしめと僕はにやついた。こどもレスキュー隊員、第一号の獲得だ。

母親は近所のスーパーに頼んで、ビラを貼ってくれた。近所に住む姉は、周辺のマンションにビラを入れまくってくれた。僕たちは新聞の販売店に連絡して、チラシを一枚三・三円で入れてもらった。大がかりな広告を打つお金のないなかで、僕らは血《ち》眼《まなこ》になって人を探した。地域に埋もれた、志を持つ、子育て経験者という宝を。

なんとか十人ほどの応募があり、実際に熱を出した子どもを預かれるよう、研修を何度も行った。すでに病児保育を行っている施設から保育士さんを招聘《しょうへい》して、細かいノウハウを伝授してもらった。看護師などの医療関係者から、子どものかかりやすい病気について講義もしてもらった。小坂先生の病児保育室での実習も、何度も行った。

最も難しかったのは、フローレンスの仕組みを彼女たちに理解してもらうためのワークショップだった。僕が親御さん役、インターン生の大野桂がこどもレスキュー隊員役、とロールプレイで説明するが、

「医者に連れて行くとき、何かあったらどうするの」

「子どもを預かっているときに急に何かあったら、どうすればいいの。責任は？」「子どもが泣きっぱなしだったら、どうしよう。私、もう何年も赤ちゃんなんて抱いてないわよ」など、不安、不満が噴出する。

「やっぱり、私にはできそうもないわ」

「主人が家にいろ、って言うんです」

「息子たちが、いい年して何やってんだ、って、働くことを認めてくれないんです」

何人かのベテランママたちから電話が入った。急に音信不通になる人たちもいる。

研修中はずっと脂汗。研修が終わると、笑顔でこどもレスキュー隊員候補の人たちを見送り、そのあとはトイレに駆け込む。胃のなかのものを全部吐いて、ぜいぜいと肩で息をする。「大丈夫、大丈夫。俺たちは大丈夫だ」と何度も言い聞かせる。水を流す音に独り言をかき消されながら。

二〇〇五年四月のサービスインまで、残り時間はわずかしかなかった。

第6章　「地域を変える」が「社会を変える」

■社会事業のサービスイン

二〇〇五年四月に病児保育事業を始めることは、二カ月ほど前からホームページなどで公開していた。ホームページは当初は大学時代の友人に五万円で作成してもらった。通常のホームページだと更新が大変なので、このころから普及しはじめていたブログを組み込んで、新着情報だけは頻繁に更新できるようにしていた。これによって情報の新鮮さが増して、検索エンジンなどにも引っかかりやすくなったのだった。

三月の中旬に説明会を行い、そこに来てくれた人たちが最初の利用者になる予定だった。ホームページのお問い合わせフォームからは、続々と説明会の申し込みがきはじめていた。原文のまま、当時のメールを紹介する。

「江東区には病児保育事業がないようなので、病気のときにどうしようか、と悩んでおりました。このような試みをされている方がいると知り、たいへん心強く思っています」

「江東区に住んでいる○○と申します。共働きで、両親とも遠方住まいの私たち夫婦にとって、いつも子どもが病気になるときを恐れながら綱渡りの状態で仕事をしています。子どもの病気はいつも突然で、通常のベビーシッターサービスでは追いつかないことも多く、フローレンスさんのようなサービスを心からお待ちしていました！このサービスは四月からスタートだとおうかがいしていますが、正式にはいつからスタートするのでしょうか？ 事前登録などはあるのでしょうか？ サービスがスタートしたら早速登録しようと夫婦で話し合っています」

「すぐ近くの、江戸川区西葛西在住なのですが、病時のレスキューをお願いすることができないでしょうか」

「現在就職活動中なのですが、やはり子どもの発熱で急に休まれるのは困るらしく、なかなか再就職できない現状です。現在江戸川区在住ですが、病児保育施設がなく困っています。いつごろ江戸川区に開設予定でしょうか」

こうした声を受けて、先着順に説明会に招待した。説明会の手配や資料などは岡本さんが学生インターンとともに取り仕切ってくれた。僕は大雑把にものの流れを把握するのは得意なのだが、一人ひとりの資料をきちんと揃えて準備する、という作業には向いておらず、考えるだけでダウナー状態になってしまうので、大変に心強い。

説明会は提供エリアの区民館を借りて行った。当初は「もっといいところじゃないと、親御さんたちはうさんくさがって入会してくれないんじゃないか」という意見もあったが、正直、ほかに選択肢はなかった。僕たちにはお金がなかった。三時間数千円で貸してくれるところなんて、公共の施設以外にはありえなかったし、いい格好をしてもどうせバレるだろうということは明白だった。体裁では行政や民間企業に僕たちスタートアップのソーシャルベンチャーが勝てるわけがない。勝負できる部分があるとしたら、それは理念だ。

説明会の会場では、僕は、この事業をなぜ立ち上げようと思ったのか、どういった人たちが貢献しようとしてくれているのか、目指すべき社会はなんなのか、を最初に説明した。システムや料金は最後だった。同時に、来てくださった方々に、病児保育にどんな困難を感じているかを話してもらった。

あなた方はこうした問題を抱えている。僕たちはこういう理念を持って、こういうシステムでやろうとしている。全部できればいいが、できるのはここまでで、そのためにはこれだけのお金がかかってしまう。もし理念に賛同して、少しでも課題解決に役立つと思ってもらえるなら、利用会員になっていただきたい。一緒に「子育てと仕事が両立可能なコミュニティ」をつくっていきましょう。

理念丸出しの会の雰囲気に違和感を覚えて入会しない方も半分くらいいたが、アンケートで「スタッフの方が信頼できそうなので入会します」と書いてくださる方がかなり多くいた。「理念が信頼を生み出す」ということがあるのだと実感をもって知った。

「説明会には行けないけれど、ぜひとも入会したい」というご家庭には、僕が直接訪ねて行った。あるお宅ではこんな会話があった。

「……というようなシステムになっています。以上がフローレンスの提供する『フローレンスパック』の簡単な仕組みです」

「なるほど……。それはそうとして、駒崎さんはおいくつなんですか」

「え、二十五歳になります」

「若いですねえ。僕よりもずっと下ですね」

三十歳を少し超えたくらいのお父さんが少し笑い、そしてすぐに真面目な顔になって言った。

「それでね、このサービスについては申し分ないというか、非常に助かるんですけど、なんて言いますか、あなたの会社がつぶれないかがとても心配です」

「え、つぶれないか、ですか」

「はい。その、ずいぶん良心的というか、この程度の値段でこれだけのことをされては、たとえばみなさんのお給料とかはどうなっているのか、とか、そういったことを考えてしまうんですね」

「は、はあ」

「正直、フローレンスさんがつぶれてしまうと、僕たちはどこにも病児保育を頼めなくなってしまうので、ずっとつづけてもらいたいんです。頑張ってください」

「あ、はい。なんとか、頑張ります！」

説明しに行ったのに、逆に励まされてしまった。よほど頼りなさそうな顔をしていたのだろうか。

当初は約十世帯からスタートして、数カ月で四〇世帯弱の家庭が入会してくれた。利用希望者からのメールはとどまることを知らず、いったん僕たちは入会を四〇世帯でストップさせた。キャパシティ以上の利用者数になってしまいそうだったからだ。入会をストップしているあいだも、入会希望者からのメールは舞い込みつづけ、一時は二五〇世帯も順番待ちしている事態になった。

ともかく、事業がスタートしたのだ。そして、多くの人々に受け入れられた。当初夢見ていたような劇的なものでは全然なく、千本ノックをしていたら、いつの間にか大汗をかいていた、というような感覚だった。

■マスコミ・メディアに踊る「病児保育」の文字

サービスインの少し前から、メディアの取材も相次ぐようになった。

朝日新聞・日経新聞・読売新聞・産経新聞・NHK・TBSなどの大手メディアでフローレンスの取り組みが取材された。新聞紙面やテレビを見て、病児保育に困っている家庭は連絡を取ってきてくれたし、病気の子どもを助けたい、という問い合わせもいただいた。広告換算すると、数億円分もの露出を一円も使わずに行うことができたのだった。それまでは小児科に「提携してください」と頼みに行っても怪訝《けげん》な顔をされるのがふつうだったが、「ああ、知ってますよ」と、特に自己紹介しなくても話が進むようになっていった。

メディアでの好意的な記事や番組は、必死で自転車を立ちこぎしているときにうしろから荷台を押してくれるような影響をもたらした。何より嬉しかったのは、保育のなかでも最高にマイナーな「病児保育」という言葉が、経済紙や経済番組で何度も連呼されたことだ。マイナーだけど、本当に大切な病児保育について、僕は多くの人に気づいてもらいたかった。ある企業の人事担当者は「まあ、ありうるけどレアケースですよね」と歯牙《しが》にもかけなかった。ある議員は「母親の愛があれば解決する問題だ」とのたまっていた。そんな、誰からも注目されなかった病児保育が、僕たちが取り上げられることで、CGのグラフつきでわかりやすく説明される。「そうだよ、そう。それに困ってたんだよ。なんとかしないと!」という機運がそこから生まれてくれればいいのだ。

自分たちが評価されることはもちろん嬉しかったが、それよりも、この問題に多くの人が気づいてくれるであろうことに、何よりの快感を覚えた。ざまあみろ。何が「母親の愛」だ。うちの利用会員の方々で、子どもを愛していない親なんて一人もいない。問題の構造を見ずに倫理や道徳で片づけようとする人たちは、メディアを通したわかりやすい説明によって改心してくれ。生意気な若造が訴えていたことの意味がわかるだろう。

しかし、さまざまなメディアに載ったのは、実は、偶然ではなかった。偶然ではないどころか、完全に作為的なものだった。偉そうなことを言っている僕だが、その作為の重要性を教えてくださったのは、ご自身もマスコミに勤めている記者の秋山訓子さんだった。秋山さんは以前にフローレンスの記事を書いてくださってから、なにかと世話を焼いてくれていて、広報のアドバイザー的な存在になっていた。

「駒崎くん、事業を起こすときには、必ずプレスリリースを打ちなさいね」

「プレスリリースを『打つ』って、どういう意味ですか？　トンカチとかでひっぱたくわけじゃあないですよね、もちろん」

僕は恐る恐る聞いてみた。

「何言ってんのよ、当たり前でしょ。プレスリリースっていうのは、お知らせの紙なのよ。これを記者のところに届けて、それを見た記者に記事にしてもらうわけよ。記者の立場になって書いて、記者の目に触れやすいところに置くの」

「いやあ、でも、僕たち事業で手一杯で、そんな難しそうなことをしている時間って、あまりないんですよね。別に大企業が大合併するわけでもないし、こんなマイナーで地べたを這《は》うような事業に、興味なんて持つんですかね？」

秋山さんはこめかみを押さえながら言う。

「あのね。あなたたちソーシャルベンチャーの唯一の武器は、明確な社会性よ。そこだけはどんな大企業にも勝る部分よ。記者は社会性のあるイベントに価値を見出すの。どこかの大企業が新しい商品を発表しても、そんなの、いつでもあるようなことでしょう？　でも、ある社会問題に対して、あなたたちが答えになるかもしれない事業をしているんだとしたら、それって記者としてはまさに記事にしたいネタなわけ。だって新聞って、社会の問題を明らかにして、解決の糸口を探るためのものでしょ？　記者って、多かれ少なかれ、そういう感性持っているもんよ」

「ええ、そうなんですか？　じゃあ、秋山さんとこに、ちょこっと載っけてもらいたいなあ、なんて」

当時の僕は自分たちみたいなちっぽけな団体が大新聞に載るなんて、にわかに信じられなかった。

「いい？　あなたの団体が取り上げられることで、病児保育という問題がクローズアップされるわ。何百万という人が、その言葉を見るの。言葉が認識を生むの。たとえば『虐待』っていう言葉が数年前からよくメディアに取り上げられたことで、虐待の通報件数が右肩上がりになってきているの。それは、虐待が爆発的に増えたということではなくて、もちろん実際増えているのかも知れないけど、『あれは虐待なんじゃないか』って気づいて通報する人の数が増えているのよ。『言葉が認識を生んで、認識がアクションを生み、アクションが変化を生む』でしょ。だから、あなたたちが頑張って病児保育という言葉をメジャーにさせなきゃダメなのよ」

僕は身を乗り出した。

「秋山さん、それって、まさに世の中を変えていく、ってことですね」

「そうよ。だから記事になるための基本の基本、プレスリリースの書き方を教えたいの」

こうして僕は、秋山さんに言われたとおりプレスリリースを書き、それを記者室に配布した。やがて、取材が来て記事になり、記事がほかの取材を誘って、また記事になった。作為的であった、というのは、こうしたプロセスがあったためである。

たくさんの記事になったときは、「しめしめ」という気持ちよりも、「ああ、秋山さん本当なんですね」と、ただただ他人事のように感心してしまった。

イギリスの巨大NGOが仕掛けた「ホワイトバンド」ムーブメントというものがある。貧困問題に関心を持つことを呼びかける運動で、日本ではNPOサステナのマエキタミヤコ氏や、ソーシャルベンチャーの先駆けといえる「大地を守る会」が二〇〇六年に仕掛けていた。歌手やスポーツ選手を起用するなど、企業プロモーションの手法を社会的問題の広報に使い、若年層を中心に「貧困」という重い課題を周知させたのだ。

認識がアクションと出会いを生み、さらにアクションが生まれる。そうしたことが眼前に折り重ねられ、僕は初めて広報の、いや社会的な問題を世の中に向けて発信する「ソーシャル・プロモーション」の重要性を知ったのだった。

しかし、新聞などに取り上げられれば取り上げられるほど、子育て支援のＮＰＯ業界の人間からは、陰口を叩かれるようになっていった。

「浮わついたことを……。自分たちは何十年と地道に活動を重ねてきているのに、ぽっと出の若い人たちにかき回されると、真面目にやってきた人たちに迷惑がかかるのよ」

「子どももいないのに、親の気持ちがわかるわけがないだろう。目立ちたくてやっているだけだ」

さらに、従来の施設型の病児保育をしている小児科医や保育園長から、多くの非難を受けた。

「病児保育を儲けの道具に使うのは、まったく、けしからんことだ」

「医者がいない病児保育なんて、危険すぎて病児保育ではない。彼らは病児保育という名前を使うべきではない」

「宣伝だけがうまくて、中身が伴っていない」

「事業として成り立たせよう、なんてばかげている。自分たちは無私の気持ちでやっている。政府に補助金の増額を要求しつづけることが重要なのだ」

なんという皮肉だろう。病児保育という言葉をメジャーにし、アクションを誘発して問題を解決しようとする試みが、仲間であるはずの当の病児保育事業者たちには理解されず、非難すら受けてしまうなんて。

僕は生ぬるい虚無感を覚え、いちいち反論する気力は失せていった。

■弁護士・行政マン・大手人事課長、続々と「プロボノ」に

同業者のネガティブな言動に直面してテンションが下がっていた僕のもとに、一通のメールが届いた。

「利用申込みではなく申しわけありません。今日、NHKを見ていると貴会の話が放映され、とても感銘を受けました。自分にはまだ子どもはいませんが、妻も働いているので保育の問題は非常に気にしていました。そんななか、保育の問題に一生懸命取

り組まれている姿を見て感動しました。

また、ボランティアとかご迷惑かもしれませんが、ぜひ貴会のような事業を手助けできればと思いました。自分は弁護士をしているので、法律面ではなにかとお手伝いすることも可能かと思います。一度、お会いできたら幸いです。

突然このようなメールで失礼かと思いましたが、同じような思いを持ち、しかも実現している方がいることを知り、いてもたってもおられず連絡を差し上げた次第です」

（原文のまま）

顧問弁護士などを頼むと、月々かなりのお金を取られてしまう。当然のことながらスタートアップのNPOにそんな金はない。だから、弁護士さんからの申し出は嬉しかった。その弁護士の原さんと早速連絡を取り、意気投合し、プロボノになってもらった。彼は法的な重要書類を作成してくれ、足りなかった基盤が整備されていった。

さらには大手百貨店の人事担当者の方がプロボノに申し込んでくださった。彼女はフローレンスの人事制度の確立に力を貸してくれた。某区の公務員であるOさんも、昼間は公務員、夜はフローレンスのプロボノとして、行政との折衝についてのノウハウを伝授してくれた。彼らが提供してくれたノウハウは、それまで僕たちが持ち合わせていなかったもので、本に書いてあること以上の、現場で培ったかけがえのない教えばかりだった。

同業者からの非難で気落ちしていた僕だが、異業種の多くの方々からの声援で持ち直してきた。というよりも、病児保育の問題を解決しようとすることを通して、いままで見も知らなかった、この事業を始めなかったら決して出会わなかったであろう方々と知り合い、笑い合い、仕事ができることが楽しかった。人生の不思議さを、あるいは奇跡と言ってもいいかもしれない、そういうものを日々感じることができた。出会いや日々の仕事がくれる喜びは、心ない非難がつけたシミを洗い流してくれるようだった。

■銀行の内定を蹴ってフローレンスに就職

学生インターンの中村は、初めはとらえどころのない女の子だった。将来への不安から社会保険労務士の勉強をして資格を取り、大手都市銀行への就職も内定。学生時代の残り時間で興味のあった女性支援のことを勉強したい、ということでフローレンスに参画してきた。

僕は、若いうちからいろいろな資格取得に精を出したり、老後のフィナンシャルプランを立てるような人間をあまり好きになれない。若いうちに決まるもの。それは技術や専門的な知識ではなく、「心の構え」だ。二十代で一度もリーダーとして振舞ったことがない人が、四十代で立派なリーダーになれるとは思えない。若いころに自分の発想がことごとくダメ出しされた人が、五十代でクリエイティブなことを言い出せるかと言ったら、それも疑問だ。そう、若いうちに培うべきなのは、試行錯誤によって生み出される、自分はできるんだ、という「心の構え」なのである。これは大学時代、人材コンサルティングの第一人者である高橋俊介さんに口をすっぱくして教え聞かされたことだ。

僕は、中村にあえて大きなことをまかせた。江東区のケーブルテレビ会社さんが「NPOに関する番組をつくりたい」と言ってきてくれたので、その番組づくりを丸投げしたのだった。

彼女は、こどもレスキュー隊員たちのインタビューを取り付け、全体の流れを考え、ケーブルテレビ会社さんと折衝した。そして番組が放映されると、「こどもレスキュー隊員になりたい！」という申し込みが舞い込んだのだ。

嬉しそうに電話応対する彼女を見ていると、僕もたまらなく嬉しくなった。銀行に行っても、フローレンスでの挑戦の経験を忘れずに、主体的に仕事をしていってほしいな、とひそかに思った。

ある日のこと。誰かの歓迎会が終わり、しこたま飲んだ僕はオフィスでひっくり返っていた。そこへ中村が急に正座して、神妙な顔で話しかけてきた。

「代表、お話がありまして……」

「おうおう、ムー（中村のあだ名）、なんだい？」

「実はですね……。ああ、やっぱりいいや」

「なんだよ、おい。言いかけて途中でやめるなよ。気持ち悪いよ、そういうの」

「そうですか。じゃあ言っちゃいますよ」

「いや、待て。『代表のこと好きです』とかは、なしね。社内恋愛禁止だからさ」

「いや、それはまったくないです」

「あ、ないんだ」

「はい、ないです」

「……じゃあ、なんだよ」

「内定、断ってきました」

「え？」

「銀行への内定を、断ってきました」

「え？　あ、そうなんだ」

「はい」

「……で、俺に話っていうのは？」

「ここで働きたいんです」

「うん？」

「フローレンスに就職したいんです」

「マジで?」

「マジです」

一気に酔いが醒めた。立ち上げ初年度で、新卒を雇う経済力は、ほぼない。明日をも知れない状況なのに、若者の人生は抱えきれない。というか、内定を断る前に言えよ。

「ちょっと待ってね。なんでフローレンスに就職したいわけ?」

「最初は、大企業で自分の力を試したいと、漠然と思っていました。でも、ここでインターンをして、自分の頭で考えて、社会のために事業をすることのおもしろさを知りました」

「……いや、でも、やっぱりさ、つらいよ。ソーシャルベンチャーとか、すごいつらいって。いつつぶれるかわかんないし。銀行のほうが、安定してるよ」

僕は彼女の考えを変えようと、逆営業を始めた。

「つらいのは大丈夫です。私、ずっと体育会で陸上やってましたから。つらければつらいほど、燃えます」

僕は言葉を失った。

追い討ちをかけるように、もう一人のインターン生、低引《そこびき》にも呼び出された。デニーズの妙に明るい照明の下、神妙な顔で彼は言う。

「代表、お願いがあるんです」

「就職したい、とか言わないよね？」

「なんでわかったんです？」

「……」

「僕は千葉大物理学部で、ずっと物理を学んできました。同級生は、ほとんど大学院に進み、企業に入って研究開発をするんです。ほとんど九割、そうなります。でも僕は、ソーシャルベンチャーに入って、事業によって社会を変えていく道に身を投じたいと思っているんです」

「……物理とさ、関係ないと思うんだよね。病児保育は」

「たしかにそうです。ただ、物理というのは高校時代に興味があったものです。大学に入って、さまざまな経験をして、自分の興味が福祉にあると気づきました。ヘルパーのアルバイトをしていたのも、そういうことがあったためです。でも、いまの大学教育では、高校生のときに決めた進路が変えられず、就職先が制限されてしまうんです。そんなのは間違ってると思います。僕たちはもっと自由に働き方を選択できるはずなんです」

「もっともだ。もっともだぞ、低引。しかしな、現実は厳しいんだ。ソーシャルベンチャーに新卒で入るやつなんて、ほとんどいない（一人すぐ近くにいるけど）。未知の分野だし、いばらの道だ。もう一度考え直せ」

「たしかにそうですね。父も本当に心配しています」

「そうだろう。親父さんの心配も、親としては自然なことだ（僕は勘当されていたけど）」

「でも、コマさん。コマさんはいつも、人に決められた、世間に決められた進路じゃなく、自分の本当に興味があることを仕事にしろ、って言ってるじゃないですか」

「う……」

「三年でやめる新卒者が四割いる時代。すでに終身雇用は崩れ、寄らば大樹の陰、という環境依存型の生き方をするのは、逆にリスクが高い。自律的に自らのキャリアを選択し、自分がどんな人間になりたいのか、という自己実現と、どんな社会を実現したいのか、という社会実現の双方を重ね合わせた働き方が、最も充実したものをもたらすんだ……って、あれほど言ってたじゃないですか」

「言ったよ。言ったさ」

「僕にとっては、まだ黎明期のソーシャルベンチャー業界に身を投じ、そこで非営利事業の経営のプロフェッショナルになっていくこと。そして子育てと仕事の両立が可能な社会を実現することこそが、いまの情熱の置き所なのです。だから、フローレンスに就職したいんです」

「……うん、まあ、いいんだけどさ」

「だけどなんですか」

「いや、いいと思うよ」

「やった！　俺、頑張ります！」

僕は笑って、「期待してるぞ」と言いつつ、二人分の月々の給与と社会保険の費用と交通費という固定費を計算していた。新卒採用でたくさんのお金をかけているほかの会社に比べたら、非常に嬉しいことであるとはいえ、手とお金のかかる新卒を、ようやく立ち上がったばかりのフローレンスは果たして抱えきれるのだろうか。

しかし、ソーシャルベンチャーに就職しようなんていう若者が出はじめる世の中になったのは、驚きだ。僕が学生だったころは、考えられなかった。「就職先どこですか」と聞かれて「はい、ＮＰＯ法人なんとかです」なんて言う人間は、一人もいなかった。

世の中は変わりはじめている、確実に。

大いなる変化の風をおでこに感じながら脳内ソロバンをはじく僕は、デニーズのドリンクをお代わりした。いろいろなソフトドリンクが混ざってしまっていて、甘いんだかなんなんだかわからない、複雑な味がした。

■号泣！　フローレンスのおかげで正社員になれた

サービスインから数カ月たったころ、電話が鳴った。サービスの利用会員(フローレンスでは、「お客様」ではなく「利用会員」という言葉を使っている。サービスする側・される側の一方向的な関係ではなく、互いに助け合う仲間としての意味を込めている)でシングルマザーのOさんからだった。

「いいことがあったんです。聞いてください。私はこれまでずっとパート勤務でした。この子がよく熱を出して頻繁に会社を休むからです。私は主人もいませんし、この子の看病ができるのは自分しかいません。だから、なかなか重要な仕事をまかせてはもらえませんでした。それが、先日重要なプロジェクトチームに入れてもらえたんです。と同時に、パートから正社員になることができたんです。それは、フローレンスさんに入ってから、私がほとんど休みなく出勤していたからだそうです。本当に、本当にありがとうございました」

僕と同い年のOさんとの会話を終えて受話器を置いたとき、僕は自分の目からぼろぼろ涙が出ていることに気づいた。まぶたを押さえてじっと耐えたが、なかなか止まらなかった。

別の利用者のMさんからは、規定の金額以上の入会金が振り込まれるという「事件」があった。入会金の一万円（サービスイン当時の価格。現在は二万円）に加えて、十万円が振り込まれている。桁を一つ間違えて振り込んでしまったのだと思い、慌てて電話した。

「Mさん、ATMのボタンを、押し間違えていらっしゃいますよ。返金しておきますので、今度から気をつけてくださいね」

「いやいや、違います、違います。それは寄付です」

「へ？」

「ご迷惑でしたか」

「いやいやいや、迷惑だなんて、そんな、そんな。お金はあればあるだけ嬉しい……って、いや、そんな、悪いですよ。こんな大金」

「私は、感動しているんです」

「え、何がです？」

「私は以前、大きな病院に勤める医師でした。長く働いていました。でも、子どもができたときに『いつやめるの？』と言われたんです。医療界は、本当に遅れていて。

いまでも、医師免許があるのに医者をしていない母親ドクターはたくさんいます。医師不足が叫ばれているにもかかわらず、です。医師の母親にとって、病児保育はライフラインです。手術をしなければならない日に子どもが熱を出したら、一巻の終わりです。休もうにも休めませんし。それがつづいたら、やはり医師をやめるしかありません。そうしたなかで、リスクの大きい病児保育の事業を立ち上げられたフローレンスさんに、寄付をしたいと思ったのです。もらってください」

僕は圧倒された。ビジネス世界のどこに、くださいというお金以上のものを支払ってくれるお客さんがいるだろうか。たんなる客とサービス提供者という関係を超えた間柄に、僕は心を貫かれるような思いを覚えた。

■病児保育を「食える仕事」に

「こどもレスキュー隊員」を探すなかで、若くしてベビーシッターをしているKさんと知り合った。彼女はため息をつきながら言う。

「ベビーシッターという仕事は、シッター会社に登録していても、週に五回働けるとは限りません。また毎日仕事が入ったとしても、たった三時間というわずかな時間なんです。それだと、ご主人のいる方には問題ないとしても、私のように独身の人間には、十分に生活していける仕事ではないんです」

子育てのニーズが多様化し、保育園だけでそのすべてのニーズを満たせなくなっているこの時代、子どもをマンツーマンで預かるベビーシッターは子育て支援の貴重な担い手だ。しかし、彼女たちの多くはアルバイト代を稼ぐ程度で、それだけで食べていけるという水準には達していないらしい。

Kさんは、子育て経験のあるレスキュー隊員たちと比べて経験は少ないが、そのぶん機動力があり、都内のどこにでも駆けつけられる。保育技術の勉強にも熱心で、プロ意識が非常に高い。

なんてもったいないんだ。

彼女たちをフローレンスの保育スタッフとして雇用することはできないだろうか。

しかし、地域の頼れるおばちゃんたちである「地域レスキュー隊員」の給料が出来高払いであるのに対し、彼女たちの給料は月払い。つまり、固定費になるので、それだけ経営の負担は重くなる。

そこでアドバイザーの一人、外資系投資ファンドの高槻さんに相談を持ちかけた。高槻さんは「じゃあ、社の人間も連れて検証してみましょう」と、勤めている会社の代表以下十人ほどのプロフェッショナルを引き連れて参上してくれた。会議室はホテルの最上階のエグゼクティブカンファレンスルーム、ではなくZ区の公民館だ。

メディアでは数千億円を超える大型案件を手がける有力ファンドとして取り上げられている方々だったが、三時間かけてエクセルとにらめっこしながら、フローレンスの財務モデルを無償で作成してくれた。その結果、彼女のような保育スタッフの給与を保証したとしても、財務的には大丈夫、ということがわかった。

まさに黎明期である「病児保育のケアのあり方」をこれからつくっていく人たち、という思いを込めて、早速「病児保育ケアビルダー」という職種を新設した。

そこには、ベビーシッターをしている若手の方々が、続々と参加してくださることになった。

また、かつては幼稚園の先生だった堀池さんは、面接でこう言った。

「私は幼稚園の先生をしていました。幼稚園の先生は労働時間が長く、かなり体力のいる職場です。多くの人は結婚や出産と同時にやめていきます。全体として、かなり平均年齢が低い職場なんです。私も、幼稚園で数年働いたのち、事務の仕事をしていました。でも、亡くなった父が生前、『社会のためになる仕事をするんだよ』と繰り返し言っていたのを思い出したんです。それで雑誌にフローレンスが載っていたのを見て、ここで働こうと思ってきました」

そんな病児保育現場で活躍する彼女たちにもメディアのスポットがあたった。

二〇〇七年、保育士資格を持つNさんは、NHKの朝のドキュメンタリー番組に取り上げられたのだ。このとき、おそらく日本で初めて、在宅での病児保育の様子が鮮やかに映し出された。

「保育の闇」が照らし出された瞬間だった。

現在保育に携わる方のなかにも病児保育に興味を持つ人はたくさんいる。しかし病児保育施設の数はとても少なく、就職することは非常に難しい。つまり、職業としては存在していないのだ。

「子どもを癒《いや》すプロ」というこのすばらしい仕事を、僕は職業として成立させたい。その人たちが、病児保育への道を歩み、そこでプロとして仕事をしていけるよう、フローレンスの活動の場を広く、大きくしていきたい。

僕はそう心に誓った。

■迷惑がる自治体行政マン

「はっきり言って、迷惑なんですよね」

Z区保育課なんとか係係長のおじさんは、吐き捨てるように言った。

僕は何を言われたのか、すぐには理解できなかった。日本人に日本語で道を聞いたら違う国の言葉で返されてしまったような、不思議な感覚だった。

僕は本社オフィス（といってもマンションの一室）を構えている東京都Z区の役所に挨拶に行った。行政のやっていないことを肩代わりしている僕たちは、行政にとっても心強い存在だろう。話をすれば評価され、さらにいろいろな協力を申し出てくれるかもしれない。期待と希望に胸を膨らませ、必要以上に大きい、けれど節電のために全体的に薄暗い役所の門をくぐったのだ。だが、「迷惑」だと言われた。

「あの、どういう意味でしょうか」

僕は聞き返した。

「だからさ、迷惑なんだよね。あのさ、あなた方が新聞とかに出るじゃない？　このまえもさ、ほら読売新聞だったっけ。載ってたよね。そうするとさ、『NPO法人フローレンス（Z区）』っていうふうに出るわけね。そうするとさ、問い合わせがうちにくるわけ。電話とるのは、僕なんだよね。仕事が増えるじゃない」

僕はまじまじと保育課ナントカ係係長の顔を眺めた。たぶん四十代。僕くらいの年で役所に入所し、これまでずっと勤めてきたのだろう。

僕は話そうとした。

「ちょっと待ってください。行政の手の回らない部分に関して、僕たちのようなソーシャルベンチャーやＮＰＯが補完していくのが、これからの公共のあり方です。高度経済成長下で税収が伸びつづけていた時期、あるいは自治体というだけで借金が無制限にできた時代は、役所がすべての公的サービスを引き受けられました。けれど低成長時代になって、自治体の財務体質が厳しくチェックされるようになり、破綻する自治体なども出はじめています。役所は基礎的な公的サービスに集中して、ほかはＮＰＯなどの社会事業者に委ねていくという分業体制を築かなければ、早晩必ず行き詰まります。そのために多くのソーシャルベンチャーやＮＰＯの起業を促進し、優れた社会事業者を誘致し、彼らが活動しやすいような環境を整備するコーディネーターの役割を、自治体は担っていかねばならないのです。あなたのおっしゃっていることは、時代の流れとまったく逆行しています」

しかし僕は一言も声を発しなかった。バブル崩壊で日本が国富の半分を失う前に、つまり苦労もなく就職をするのが当然の時代に、役所に入り、数十年のあいだ役所の同僚とだけ話をし、このZ区の外を見ることもなく業務に勤《いそ》しんでいる人に、理解してもらえるはずがない。僕は笑って「わかりました」とだけ言って、Z区役所を出た。

外はまだ明るく、目の前の小さな川のせいか涼しげだった。おそらく日本に住む多くの市民は、自分たちの住んでいる地域の公共サービスを担っている役所というものがそうした人々に運営されている、ということは露ほども知らないだろう。特に僕のような若者層は、役所と言えば、引っ越しのときに届出を出すところ、という程度の認識だ。だが、「自分の仕事が増えるから」と言って民間人の社会的な事業を「迷惑」だ、などと言うような人々の手によって、僕たちの税金は集金され、運用されているのだ。

こういうこともあった。ある区の子育て支援の政策をチェックする委員会に住民代表として出席させてもらったときのことだ。役所のやっているさまざまな事業の経費を見て、僕は不審な点に気づいた。

「すみません、この『アンパンマンショー』に八〇〇万円を計上していますが、具体的に何に使われるんでしょうか」

人のよさそうな小太りの課長さんが答える。

「はい、民放のアナウンサーなんかを呼んできて、子育ての楽しさを市民にわかってもらうようなイベントを考えています。子どもさんには、アンパンマンショーで楽しんでもらいます」

「行政が市民に『子育ての楽しさを教える』のですか？　それに八〇〇万円？」

「はい、そうです」

課長は悪びれずに、当然だというふうに言い切った。

僕たちは、自分の区や市や県の行政がどのように運営されているのか、ほとんど何も知らない。興味がないからだ。「結婚しなさい」とうるさい親のことや、最近電話をくれない恋人のことや、息子の入学する中学のこと、職場の嫌いな上司のこと、好きな芸能人の新しいCDのことなどで、頭が一杯だからだ。別に、自分の住んでいる地域がどうであろうと、どうだっていい、と思っている。そういう面倒くさいことは議員や何かにまかせておけばいい、と。

それでいて、地域で選出された議員の顔はまったく覚えていない。選挙に行っていないからだ。当選する人たちは、その地域の名士であったり、政党に推されて出馬していたり、宗教団体がバックについていたりする。一度当選すれば、大きな失敗をしないかぎり、選挙民との人間関係を壊さないかぎり、政治家でありつづける。東京二十三区ならば、(地域によるが)一〇〇〇票もあればほぼ当選で、当選すれば年収は一〇〇〇万円を超える。そんな議員や行政に対して、市民は「なんとなく信頼できない」と感じてはいるけれど、別に何かアクションをとるわけでもない。家が手狭になればほかの区や市に引っ越せばいいだけだ。コンビニが家から歩いて何分か、駅から歩いて何分か、必要な指標はそれだけだ。

そうして、行政が腐っていくことを、僕たちは知らないでいる。行政の下請けの公共サービス事業者が自治体職員の天下り先になって腐っていることを知らない。自治体のなかに広域宗教団体のネットワークが張り巡らされていることを知らない。公共サービスの名を借りて、信者獲得と集票が行われていることを知らない。いや、知っていても特に何をすることもないだろう。自分の日々の生活に関係ないからだ。

関係があるとしたら、たとえば、自分の子どもが下校中に商店街を歩いていて、見知らぬ人間に刺されたときだ。そのときには、商店街には子どもに声をかけるおせっかいな親父はいなくなっていて、いつでもどこかに撤退できるチェーン店の連なりになっているだろう。

また、たとえば自分の大切な家族が入院したときに、市民病院の環境の劣悪さを知るかもしれない。また、自分が老いて介護サービスを使おうとしたとき、とんでもない非人間的なサービスしか受けられないことに、初めて気づくかもしれない。

そうして僕たちは、ぶつぶつと、誰にともなく独り言を言うのだろう。「政府が悪いんだ」「行政は無能だ」「政治家が悪いことばかりしてるんだ」と。いままでまったく興味を持たず、まったくなんのアクションも取っていなかった僕たちは、そういうときになって初めて事実を認識し、誰にも届かない呪いの言葉を吐きつづけるのだろう。

係長の顔を思い出す。おそらく彼は一個の象徴に過ぎない。無関心な国民が生み出した無数のばかげた状況の、たんなる一個の象徴だ。僕が本当に社会起業家になることができたとしたら、敵は彼のような象徴ではなく、いままさに日本がかかっている「無関心のくせに依存する」病気。日本人の精神性そのものではないだろうか。市民は自治体に依存し、自治体は国からの補助金に依存し、国はアメリカに依存する。そんな、依存という精神の病。

Z区役所前の景色は静かで、陽光がまぶしい。絶望的に、まぶしい。僕はまぶしさに目をしばしばさせながら、仕事に戻ろうと思った。

■国にパクられるという栄誉?

厚生労働省からメールがあったのは、サービスインの少し前だった。
「いや実は、緊急サポートネットワーク事業という、名前だけ決まって中身がまだ詰められていない国の事業がありまして……。先日の新聞を拝見させていただいて、御社で始めようとされていますす仕組みが、イメージぴったりだと思い、ぜひ勉強させていただきたいな、と思いまして……」

三人連れの官僚の、一番職位の高い女性がそう穏やかに言った。物腰は柔らかく、口調は丁寧だ。

僕は、自治体の公務員はどうしようもないけれども、国の役人ともなると違うな、と勝手に思い、求めに応じてフローレンスの仕組みの数々を説明した。

「よかったら研修マニュアルなども参考までに送っていただけますか」

とこれまた丁寧にお願いされ、こちらもかしこまって「喜んで送らせていただきます」と返答した。

その後二カ月ほど音信がなく、「あれはどうなったのかな」と思っていたころ、日経新聞の夕刊の一面に、どこかで見たような言葉が踊っていた。

「子どもが急病、まかせて出勤」

「子育てOBが出迎え」

どうやら、そのまま政策になってしまったようだった。

オフィスに電話がかかってくる。

「いやー、駒崎くん、おめでとう！　一面に君のやっていることが載っているね！」

「ああ、はあ」

お世話になっていた評論家の方に、僕は曖昧に笑った。「いや、僕たちのことじゃないんです。国がやりだしたことで、僕たちはあまり、というか、まったく関係ないんです」とはとても言えないくらいに喜んでくれている。

何か一言、言ってくれてもいいじゃないか。これでは、アイデアの横取りだ。

僕は厚生労働省に電話して、担当の人を出してもらおうとした。

「〇〇さんは、異動になりました」

官僚の世界では二〜四年のローテーションでポストが替わる。彼女もきっと、どこかまったく違う部署に行ってしまったのだろう。

気を取り直して、新しい担当の人に事情を説明する。が、「おまえは誰だ」というような怪訝《けげん》な態度だ。

「何か一言断るとか、制度設計の段階でもうちょっと一緒にやっていくとか、そういう関係であるべきではないでしょうか」

僕が電話越しにそう語りかけるが、とりあってもらえない。

「国は公正中立じゃないといけないので、どこか一つの団体を特別扱いするわけにはいかないんです」

「………」

あ、ありえない。

僕は激怒した。いろいろな人に愚痴りまくり、国の非道を嘆いた。いままで僕が汗と涙の二年間で築き上げてきたものを、たった二時間のヒアリングでパクって、なんの感謝も示さないなんて！

しかし、介護業界のパイオニアであり、フローレンスのアドバイザーも務めてくださっていた「ＮＰＯ法人ケアア・センターやわらぎ」の石川治江さんに相談すると、一喝された。

「あなたは本当にケツの青い若造ね。その程度のことで何をグダグダグダグダ言っているのよ。そんなことは当たり前のことなのよ」

「当たり前って、どういうことですか」

「よいこと、介護保険制度ってあるでしょ。あそこで使われているケアマネジメントのプロセスであるとか、コーディネーターの仕組みとか、そういった全体の仕組みはね、やわらぎが一番最初に始めたことを国が視察に来て、介護保険をつくるときにパクっていって、制度設計したわけよ。福祉政策なんて、そんなもんなのよ。いつだって志ある市民たちがリスクをかけて実例をつくるのよ。それが成功事例になったら国や自治体がそれを政策化して、世の中に広げていくっていう寸法よ」

「そ、そういうもんですか」

「そうよ。むしろ国にパクられて一人前、くらいのもんじゃないの」

「で、でも、ビジネスの世界だったら、著作権とかビジネスモデル特許とかあって、先行者の利益が守られるわけですよ。でないと、創造しようとする人間が苦い思いをして、真似した人がおいしい思いをする。そうなったら、社会全体で創造が行われず、沈滞してしまうじゃないですか」

「ビジネスの世界じゃあ、そうねえ」

「でしょ。僕たちも一緒じゃないですか」

「本当にそうかしら」

「え、違いますかね」

「あなたの目的ってなんなのよ。あんたがしたいことって、何さ?」

「どっかで聞いたセリフだな……。えっと、病児保育問題を解決して、『子育てと仕事の両立可能な社会』を実現することです」

「そうするとさ、病児保育問題を解決するんだったら、国にパクられたほうがいいじゃないか。そのほうが全国で取り組みが始まるんだもの」

「う、言われてみれば」

「あなたいますぐ全国行って病児保育やれるわけ?」

「いや、やれないっす」

「だったら、いくらでもパクらせてあげればいいじゃないの。むしろ神様、役人様、ありがとうございます、って拝まないといけないくらいさ。先行者の利益? あんた利益のためにやってるんじゃないんでしょ。社会問題の解決のためにやってるんでしょ。何が利益だ、ケツの穴が小さい男だね」

「だから、ありがたく思って、自分のところの事業をしっかり回すことに専念しなよ。わかった？」

「はい、おっしゃるとおりです……」

「お、おす」

僕は恐縮し、己のケツの穴の小ささを反省したのだった。

そうだ、意図せざることとはいえ、病児保育の取り組みが全国的に広がっていくのだ。世の中全体を眺める視点で考えれば、とてもいいことじゃないか。

そう思って気持ちを切り替え、自分たちの事業に邁進していると、しばらくして全国の社会福祉協議会やＮＰＯから電話がきた。

■全国の団体とノウハウを共有しよう

「厚生労働省から委託を受けて、病児保育をしようとしているのですが、ノウハウがまったくなく、厚生労働省も教えてくれなくて、どう立ち上げていいのかわからず、とても困っています。ご指導願えませんでしょうか」

こうした多くの団体が視察、見学、相談に来るようになった。

あまりに大変そうだったので、コンサルティングということで研修の手伝いなどをするようになった。和歌山のさるＮＰＯには、僕とコーディネーターの青柳とで出張に行き、保育スタッフの研修などを行った。また、「国の補助金が切れたあとには自立できない仕組みになっているので、そのあとどうしよう」という相談にも乗った。

皮肉なことに、国の補助金事業として全国にフローレンスの「非施設型」モデルが伝播したのに、モデルの大切な部分（保険共済モデルなど）は組み込まれず、ある意味、フローレンスとはさまざまな点で異なった形で水平展開されていった。その結果、多くの事業者はうまく事業を運ぶことができず、ほとんど病児保育がされていないところもあった。そういうところは国に対して、なんと「大都市ではないので、ニーズがない」と報告しているという。間違っている。朝七時から対応できることや、必ず病児保育を提供するという確実性や、医師との連携の密度など、そういった細かい部分が大切なのに、そこのところが伝わっていないのだ。

せっかく病児保育が全国に広がっていくチャンスなのだから、なんとかできないだろうか。そう考えて、フローレンスは経済産業省のバックアップを得て、病児保育を始めようという全国の事業者をサポートする仕組みづくりに着手した。

たとえば、フローレンスのマニュアルをオンライン化して、認証を受けた事業者ならば誰でも見られるようにする。オンラインマニュアルには日々、現場からのアイデアが反映され、更新されていく。リスクマネジメントのソフトウェアも提供され、各事業者が起こした失敗や事故の情報が集められ、対策用プログラムがつくられていく。志のある病児保育施設を研修センターとして認定し、施設を持たない病児保育事業者たちが、そこで保育スタッフをトレーニングできるようになれば、業界全体の保育の質が向上する。

こうした業界・市場創造的な事業を、僕たちは二〇〇七年度から始めることにした。参入する事業者が増え、育ち、活躍することによって、つまり市場が創出されることによって、「点」としての問題解決にとどまらず「面」としての問題解決が可能になるのではないか、そう考えたのだ。始まったばかりの取り組みではあるが、これが成功すれば、病児保育を「当たり前の社会インフラ」として日本に根づかせることができるだろう。

■社会の「構造」を変革する

社会運動に取り組む者が知っておくべき寓話がある。「溺れる赤ん坊のメタファー」である。

それはこんな話だ。

あなたは旅人だ。旅の途中、川に通りかかると、赤ん坊が溺れているのを発見する。あなたは急いで川に飛び込み、必死の思いで赤ん坊を助け出し、岸に戻る。

安心してうしろを振り返ると、なんと、赤ん坊がもう一人、川で溺れている。急いでその赤ん坊も助け出すと、さらに川の向こうで赤ん坊が溺れている。

そのうちあなたは、目の前で溺れている赤ん坊を助けることに忙しくなり、実は川の上流で、一人の男が赤ん坊を次々と川に投げ込んでいることには、まったく気づかない。

これは「問題」と「構造」の関係を示した寓話だ。問題にはつねに、それを生み出す構造がある、そして、その構造に着手しなければ、真に社会問題を解決することはできないのだ。

子どもが熱を出した。預かるところがない。だから預かれる仕組みを創ろう。これは、溺れている赤ん坊を助けるアプローチだ。しかし同時に、僕たちは、上流で赤ん坊を川に投げ込む男を止めに行かなくてはならない。

僕たちにとっての「投げ込む男」、その一つは、「子どもが病気でも休むことの許されない会社や働き方」である。つまり、企業社会のあり方を変えなくてはいけない。

そこで、病児保育事業を行いながら、企業社会を変えるアプローチがないかと研究しつづけたところ、欧米に興味深い考え方があるのをインターネットで知った。

ワークライフバランス（仕事と生活の調和）という概念だ。

欧米の成熟した産業社会において、もはや単純な生産活動は、人件費の安いアジア諸国に代替されてしまう。そう、知的付加価値のある生産活動を行わなければ、生きてはいけなくなったのだ。そうした例に、デザイン、ブランド、ITソフトウェア、金融商品、コンテンツ全般などが挙げられる。

それらは、人の創造性があって初めて形になるものである。そこで欧米では、人の創造性こそが競争力を創り出す基盤であると、考えられるようになっていった。

では、効率的に創造性を発揮してもらうためにはどうしたらいいのか。答えは、安定した精神状態のなかで、働いてもらうことだ。

家族の介護、病気、私生活のトラブルを抱えた人に、一二〇％の創造性を求めるのは酷な話である。そこで従業員が安定的に生活と仕事のバランスを取れるよう、会社の制度や働き方を変えること、それは会社にとっても合理的なことなのだと、広く認識されるようになっていった。

ワークライフバランスによって、従業員のパフォーマンスを最大化する。このワークライフバランスのコンセプトをもとに、僕は、企業に対してコンサルティングを行っていくことにした。

友人が経営するITベンチャー企業を実験的にコンサルティングし、さまざまな制度設計のサポートを行った。すると、こうした取り組みにメディアが興味を持ち、その企業は瞬く間にワークライフバランスの代表的事例となっていった。

日本の九九％は中小企業だ。中小企業がワークライフバランス化すれば、日本の企業社会もワークライフバランス化していく。

そのためには、イギリスの事例が参考になるだろう。

イギリスでは、ブレア政権時代の二〇〇四年、「ワークライフチャレンジ基金」を創設し、中小企業が「ワークライフバランス・コンサルタント」に依頼する際の費用を助成したのだ。この支援によって多くの中小企業がワークライフバランスに触れ、コンサルティング企業もワークライフバランス・コンサルティング市場に参入していったと言う。

この仕組みを日本でも仕掛けられないだろうか。僕はそう思い、東京都S区に対して政策提言を行ったところ、二〇〇七年四月から「ミニチャレンジ基金」と言うべき事業がS区でスタートすることになったのだ。

ここで実績をつくれば、ほかの自治体がそれを模倣して広がるかもしれない。広がれば、最終的には国家政策に採用される可能性もある。そうして僕は、企業のワークライフバランス化に火をつけていきたいと思っている。

このような「溺れる赤ん坊を救う」病児保育事業と、「投げ込む男を止める」ワークライフバランス・コンサルティング事業を進めていくうちに、さまざまな政策提言の機会を得ることになった。

内閣府の規制改革会議。経済産業省の審議会。自民党の女性部会。国の政策を担う彼らのほうから、僕たちに声をかけてくれた。

ある日、弊社の岡本佳美さんのお父さんから、岡本さんに電話が入った。

「佳美、おまえが関わっている団体が、国会中継で話題になっとるぞ」

どうやら川口順子元外務大臣が、参議院でフローレンスのことを引き合いにして行政改革の必要性を訴えてくれたようだった。自民党の女性部会で僕がプレゼンテーションしたとき、川口さんは、興味を持って積極的に質問に来てくださった。

問題を訴え、その問題を聞いた人が誰かに話し、話を聞いた誰かが共感してなんとかしようと頭をひねり、その結果、制度やルールが変わっていく。

僕たち社会起業家は、事業を通じて社会問題を解決するモデルを創り出す。あとは、多くの人にそのモデルを真似てもらったり、あるいは行政が法制化したりすることでそのモデルが全国に拡散する。

同時に、実際の現場の知識をもってして、誰よりも鋭く制度の欠陥を見破り、政策立案者たちに代替案を届けていく。文句ではなく、クリエイティブな解決方法をあらゆる方法でプロモーションし、政策化をあと押しするのだ。

社会起業家が行うソーシャルビジネスは、たとえて言うと、砕氷船のようになるべきなのだろう。南極の氷を砕く機械を搭載した、小さな、しかし力強い、機動力のある船。その船がそれまで通れなかったところに航路をつくる。タンカーや豪華客船である国や自治体や参入企業は、そのうしろを通っていって、規模の大きな仕事をすればいい。

赤ん坊を助けながら、放り投げる男を止めることは、社会起業家にとっては決して不可能なことではない。

■アメリカの社会起業家たちと日本の社会起業家ムーブメント

二〇〇七年四月に、ジャパン・ソサエティという老舗NGOが、アメリカを代表する社会起業家を日本に招聘した。

アーキテクチャー・フォー・ヒューマニティーのキャメロン・シンクレアや、コモン・グラウンド・コミュニティ（ニューヨークのホームレス問題解決のために取り組んでいる）のロザンヌ・ハガティ、マンチェスター・クラフトマンズ・ギルド（低所得者層の居住地でアートや職業訓練を通じた活性化事業を展開）のビル・ストリックランド。

日本ではなじみのない人々だが、ものすごい偉業を成し遂げている方々である。日本側の社会起業家のサンプルとして、僕は彼らとともにシンポジウムの壇上に上がった。

つい三年前には、彼らとそうやって話ができるなんて、夢にも思わなかった。いまでも忘れられない、二〇〇四年十月、僕は商店街ネットワークの木下くんと学生インターンの西本千尋とともに、アメリカのソーシャルベンチャーを自分の目で見に行った。病児保育のサービスを本格的に展開する前に、NPO先進国のソーシャルベンチャーがどんなものなのか、見ておきたかった。そこにフローレンスの、いや日本のソーシャルベンチャーの成功イメージがあるかもしれない、と思ったからだ。

結論から言えば、スケールが違った。ただただ、悔しかった。

たとえばカブーム（KaBOOM!）というソーシャルベンチャー。彼らは公園をつくるNPOだという。公園をつくる？　それは日本であれば役所の土木課がすることだ。しかし彼らは、アメリカの公園の多くがドラッグ売買や売春の巣窟になってしまっていることに胸を痛め、「子どもたちが安心して遊べる公園をつくろう！」と立ち上がったのだ。創立者は子どものころ、孤児だったそうだ。一九九五年から活動を始め、八年間で六〇〇もの公園を全米中につくった。ありえない規模だ。

僕たちがニューヨーク州アルバニー市を訪問したときも、彼らは公園をつくっていた。四十人ほどの大人が小学校の隣の空き地を改造しようとしていた。空き地に穴を掘り、組み立て式の遊具をはめ込み、手づくりのセメントを流し込んで遊具を水平に固定する。その上におがくずを敷き詰め、一丁あがり。朝七時には何もなかったところに、夕方四時には立派な公園ができあがるのだ。

僕たちも、汗をかきながら遊具づくりや色塗りを手伝った。みんなが笑っていた。笑いながら作業をしていた。ときどき小学生の一団が降りてきて、公園をつくってくれている大人たちに、ありがとうの歌を歌った。みんなが笑いながら拍手をした。

一時間ごとに、すべての学年の子どもたちが出てきて歌った。休憩しながら、また拍手をする。「あれはうちの子だよ」と知らないヒスパニックのおじさんが僕に話しかけてきた。そうか、この公園で遊ぶ子どもたちの親が、公園づくりに汗をかいているのか。

「公園のメンテナンスは、親がやるんだ。つくったのは自分たちだから、愛着もある。でも一番重要なのは、メンテナンスをしないと、子どもが怪我をしてしまうということなんだ」

ヒスパニックのおじさんは、何も聞いてないのにそう教えてくれた。極東から自分たちの公園づくりを手伝いに来てくれたことが、かなり嬉しいようだった。日本では、親が公園をメンテナンスすることはない。ブランコの金属が剥《は》がれていて危なかったら、怒って役所に怒鳴り込むだけだ。

公園づくりに参加していたのは、親だけではなかった。平日の昼間だというのに、ナショナルチェーンのホーム・デポの社員もいた。ホーム・デポはホームセンターの会社で、アメリカ人なら誰でも知っているくらい、どこの町にもある。彼らはカブームの提携先だった。

公園づくりが終わると、プレートを公園の入り口の正面に立てた。

「この公園は、ホーム・デポとカブームとコミュニティの努力によってつくられました」

そうプレートに記されている。そうか、広告効果だ。ホーム・デポはこれから長くコミュニティの人々に愛される公園に、自分たちの名前を残しつづけることができる。そのためには数名の社員を一日派遣したり、遊具を提供したりするのは、安いものだろう。

四十名程度の大人がいるなかで、カブームのスタッフは一名だった。しかも、まだ二十代の若い女の子だった。そばかすが可愛らしい。ほかはコミュニティの人々とホーム・デポ社員がボランティアで参加していた。

カブームは大変なローコストで公園をつくり上げる。だから、八年間で六〇〇というものすごいスピードで、全米に安全な公園をつくれるのだ。彼らは自分たちが直接手を出すだけでなく、「公園のつくり方マニュアル」をオンラインで頒布したり、「公園アントレプレナー」を養成する研修を行ったりしている。ノウハウを拡散させ、それを学んだ人々が自律的に公園をつくり出せるようにして、伝染病のように広げていくのだ。なんという戦略性だろう。

市長が、できあがった公園に視察に来て、カブームに感謝していた。カブームを誘致した小学校の校長先生が笑っていた。僕たちも汗をかきながら笑い、そして考え込んだ。

住民が自ら参加して街をつくっていく。それをソーシャルベンチャーが誘発している。

ボストンでは教育ソーシャルベンチャーを訪ねた。シティ・イヤー（City Year）だ。その予算規模は日本円にして四〇億円。全米に十七の支部を持ち、南アフリカに進出しようとしているＮＰＯだ。サポーターはクリントン元大統領。起業したのはハーバード・ロースクールの二人の学生だった。

彼らはアイビーリーグの学生たちを何百人と組織し、貧困地域の劣悪な教育環境の学校などに出前授業をしたり、放課後、そうした地域に住む子どもたちにリーダーシップ教育を行ったりしている。

僕たちが行ったときには、一年に一回だけの「ボストン中でボランティア活動の一斉蜂起を行う」イベントの日だった。三十人ずつのチームを結成し、それが数十カ所に散らばり、あるチームはごみ拾い、あるチームは募金集め、とボストンの街中で市民の貢献意識を喚起するのだった。スターバックスがバンを出していて、貢献活動をするチームに無料でコーヒーを提供していた。

僕たちは低所得者層の住む地域の薄汚れた公園を清掃するチームに入れられた。まさかごみ拾いをするとは思っていなかったので、三人ともスーツだ。「日本人はごみ拾いまでスーツを着ていて、本当に礼儀正しいのね」とボストンっ子に素直に驚かれた。

数時間のごみ拾いを楽しくやり終えて、最後に輪をつくり、感想を言い合った。超一流大学の学生スタッフがチームを取り仕切っていたが、多くの市民も参加していた。小学校二年生から六十歳くらいのおじいちゃんまでがチームにいた。一番若い小学校二年生の感想を聞いて、僕は耳を疑った。

「今日の活動は、楽しかった。僕たちの行動がボストンの街をよりよくすることに貢献できたかと思うと、とっても嬉しい」

小学生に「自分の街に貢献できたことが嬉しい」と言わせることができるとは。少なくとも、僕が小学生だったとき、「東京に貢献できて嬉しい」というようなコミュニティへの愛を吐露する同級生は皆無だった。もちろん自分だってそうだった。

■足下より革命を起こせ

規模といい、活動の質と言い、すべての面で彼らは遠い先を走っているように思えた。

悔しかった。別にアメリカ人が特別に優秀なわけではない。特別に公共心が厚いわけではない。特別にいい国なのではない。むしろ貧富の差や治安、誰でも医療が受けられるなどの点においては、日本のほうがずっといい社会だ。

しかし、NPOやソーシャルベンチャーという道具を使って、社会をよりよいものにしていこうという勢いや慣習に関しては、負けていると言わざるをえない。僕たちはそれぞれの職場で真面目に働くことだけをいいこととして、社会をよくしていこうということについては、国や自治体や「誰か偉い人」の仕事だと思っている。

幸運なのか不幸なのか、日本はこれからアメリカのように「小さな政府」になり、国や行政は、国民の何もかもをケアすることを放棄せざるをえなくなる。社会保険庁と年金問題を見ても、政府の能力が限界に達していることは明白だ。

だとしたら、民間において、ＮＰＯやソーシャルベンチャーが、国や行政が見放した、あるいは手が出せないような領域をカバーしていかなくては、問題は放置されつづけてしまう。カブームやシティ・イヤーのように、企業顔負けのソーシャルベンチャーがごろごろ出てきてくれなくては、これからの日本の社会はどんどん劣化し、腐食していってしまう。

僕たち一人ひとりが社会起業家となって、そうしたソーシャルベンチャーを立ち上げ、育て、羽ばたかせていかなくてはならない。あるいはプロボラのように自らの専門性を活かして、ソーシャルベンチャーに欠けている技術を補い、ブレークスルーを起こすことだってできる。政治家や官僚だけが世の中を変えるのではないのだ。「気づいた個人」が事業を立ち上げ、社会問題を解決できる時代になっているのだ。

僕は確信している。なぜなら、僕のような門外漢のド素人によって東京の下町で始まったモデルが、政策化され、似たような事業が全国に広がっていったのだ。自らの街を変える、それが世の中を変えることにつながっていったのだ。だとしたら「社会を変える」ことは絵空事ではないはずだ。一人ひとりが、自らの街を変えるために、アクションを起こせばいいだけなのだ。

「社会を変える」を仕事にできる時代を、僕たちは迎えている。

ＮＰＯが認知されはじめ、社会起業家も、若手を中心にどんどん生まれはじめている。ホームページをつくってインターネット上に公開すれば、あなたの志に共鳴する人たちがメールによってその声を届けてくれるだろう。見知らぬ人たちが難病を持つ子どもたちに涙し、家にいながらネットバンキングで大量の寄付を振り込んでもらえる時代なのだ。なんというチャンスだろうか。

そして僕たち日本人の、「社会のため」はすべて政府や行政にまかせていればいいんだ、という価値観を変えられる機会が、目の前に転がっているのだ。「自らの手で公共を創り出す」という新たな文化を創れるかどうか、その分岐点に来ているのだ。

あとは、あなたに、そう、あなたに一歩を踏み出してほしい。

「あなたが見たいと思う変革に、あなた自身がなりなさい」――マハトマ・ガンジー

エピローグ

春井さんにメールを送った。

僕の試行錯誤の軌跡をまとめて文章にしたのだ。それがはたして、彼女の質問に答えることになるのかどうかは、わからない。だが、彼女の一歩をあと押しするなんらかの糧になれば、と祈りたい。

今日は父母の誕生日パーティーの日だ。偶然にも誕生日が一日違いの両親の誕生日パーティーは、だいたい一緒に行われる。パーティーと言っても、家族そろって簡単にご飯を食べるくらいのものだ。

下町の団地の下のスーパーで、食材を買った。今日は僕が料理を担当する番だ。失敗しても致命的にまずくはならない、ハヤシライスをつくることにした。赤ワインと豚肉とデミグラスソースを買い、鳥小屋のような団地群の端にある実家へと向かった。

団地は、半ズボンの子どもたちが駆け回り、中国人のおばさんたちがけたたましく笑っていて、どこからか干した布団をバンバンと叩く音がリズミカルに聞こえる。決してきれいではない、けれど柔かい匂いがする、何かと取り替えることのできない空間だ。

実家のドアを開けた。「ただいま」と言うべきか、「こんにちは」と言うべきか、少し戸惑う。

部屋に入ると、先に着いていた二番目の姉夫婦と、姪のノドカがこっちを見た。もう少しで一歳になるノドカに指を近づけると、姉に抱かれた彼女は僕の指をぎゅっと握り返す。

「弘樹、ニューズウィーク見たわよー」と姉が雑誌を開いて言った。

「世界を変える社会起業家100人」という特集に、写真つきで取り上げられている僕を指差した。父は「おまえ、なんでこんなに、色が白いんだ」と関係ないことにコメントしている。


ハヤシライスをつくりはじめると、しきりに母がうしろから話しかけてくる。

「デミグラスソースは入れるの？」

「ワイン入れすぎないようにね」

「うるっさい」と手で追い払うと、やることがないのか、孫のノドカにしきりにキスをしはじめた。ノドカが笑って、ペシペシと母の顔を叩いた。母は、それでも嬉しそうに笑っている。


一時間くらいかけてハヤシライスをつくり、あまった赤ワインで乾杯。寡黙な義理の兄は「おいしいよ」と照れくさそうに褒めてくれた。母は「味薄いわよ。ねーノドカちゃーん」と文句。父親は五分で食べ終わると、趣味の将棋をパソコンで始めた。


ハッピーバースデーの歌を歌ったあと、ケーキを食べた。いろいろな小さなケーキをそれぞれ選んで食べるが、母が自分のケーキをしきりに姉にあげたがる。

「ほら、むっちゃん。アーンしてあげるから。口あけて、ほら」

「もう！　子どもじゃないんだから……」

「いいから口を開けなさい！」

ムキになる母。しかたがないなあというふうに姉が口を開けると、母の手元が狂い、ケーキが姉の鼻の上でバウンドして、姉のフルーツポンチの皿に墜落した。

大爆笑する母に対して、「いい加減にしてよ！」と怒りだす姉。

「だいたいお母さんはね……！」

またいつもの喧嘩が始まった。会うたびに一回は喧嘩する。

喧嘩している姉からノドカを引き受け、別の部屋に連れていった。

布団に寝かせ、タオルケットをかけてあげた。添い寝をしながら、お腹をぽんぽんとゆっくり叩いてあげると、彼女は気持ちよさそうに眠りはじめた。

眠い頭でぼんやりと思う。

ねえノドカ、君が叔父さんの年になるときには、どんな社会になっているのかな。

少なくとも僕は、君に僕たちの町を、地域を、社会を好きになってもらいたい。そのために頑張って、いまよりもいい社会にできるように、日々走ったり、転んだりしているんだ。

つらいときもあるよ。でもやさしい声をかけてくれたり、一緒に転んだりしてくれる仲間がいるんだ。遠くから想ってくれるぶっきらぼうな家族もいる。ノドカもいる。だから楽しいんだよ。毎日楽しいんだ。

いつか叔父さんと僕たちの社会の話とか、そんなちょっと堅苦しい話も嫌がらずにするんだよ。叔父さんが駆けてきた道を、話してあげたいんだ。君に知ってもらいたいんだ。

そうして叔父さんと散歩しよう。キラキラした僕たちの社会を見に、出かけようよ。ねえ、君はどう思う?

1　社会起業家、ソーシャルベンチャーに興味を持った方への次なるステップ

●学生インターンとして参加

現在、日本でも多くのソーシャルベンチャーが生まれはじめています。巻末にあるソーシャルベンチャー・リストで、自分の問題意識と合致するものを選び、インターンとして働くことによって、ソーシャルベンチャーをより深く知ることができるでしょう。

また、本書にも登場しているETIC.に相談すれば、あなたの問題意識をふまえてインターン先を紹介してくれるでしょう。

インターンというと、日本では就職活動の一環として、お客のように扱われて企業で働くことを指しますが、本来は、社員と同列の責任を持って働くことを通して、成長し学習する行為です。ですから、数日、数週間という短い期間ではなく、少なくとも三カ月〜半年程度、その団体で働くことをお勧めします。

●プロボノ（プロフェッショナル・ボランティア）として参加

平日に仕事のある社会人でも、ソーシャルベンチャーに関わることはできます。仕事が終わったあとや土日など、限られた時間でも参加することは可能です。自分の問題意識に合う団体があったら、臆せずに連絡を取ってみてはいかがでしょうか？　ソーシャルベンチャー側も意識の高

い人材は大歓迎です。なんらかの形で関わる方法を提示してくれると思います。

ただ、問題意識が不明確だったり、時間をまったく割けない、という状況では、お互いに仕事をしづらい関係になってしまうでしょう。参加すると決めたからには、最低二週間に一回の打ち合わせには顔を出す、などの貢献が必要です。

また事前に、自分のコミットメント（関与）の範囲と、できること、できないことを明確にしたシートを作成して提出することで、受入先のソーシャルベンチャーも、あなたに仕事をまかせやすくなるでしょう。

●ソーシャルベンチャーを支援する民間団体にボランティアとして参加

ソーシャルベンチャーを支援する民間団体として代表的なものは、「ソーシャルベンチャー・パートナーズ東京」です。ソーシャルベンチャーを支援したいと思う人たちが出資してファンドをつくり、ソーシャルベンチャーに「投資」していくのです。彼らは、社会問題の解決や社会的価値として、リターンを得ます。

また、資金を出すだけでなく、支援スタッフとして、ソーシャルベンチャーの問題をともに解決する一員として、活動することもできます。

●ソーシャルベンチャー／社会的企業を起業する

ソーシャルベンチャー／社会的企業を起業して、社会起業家として社会の問題を解決したいと思ったあなたは、年齢にかかわらず、ぜひ挑戦してみてください。若ければ若いほど失うものもなく、たとえ転んでも起き上がりやすいので、リスクは低いでしょう。

全国にＮＰＯ関連の相談センターがありますが、ピンからキリまであります。相談した先が合わなかったとしても、それでめげることなく、いいと思うＮＰＯやソーシャルベンチャーの人に会いに行って、手法を学んでみたらいいと思います。

2　ソーシャルベンチャーと社会起業家リスト

まったく網羅はしていませんが、フローレンスのほかにも、多くのソーシャルベンチャーがそれぞれの領域で社会問題と格闘しています。

●特定非営利活動法人かものはしプロジェクト　代表理事　村田早耶香・本木恵介・青木健太

カンボジアの児童買春問題に取り組むソーシャルベンチャー。援助するだけでなく、現地で工場をつくって雇用を生み出し、少女たちが体を売らなくても生活できるよう、自立を支援しています。ＮＰＯでありながらＩＴ事業部を立ち上げ、事業収益部門を並走させている、ほかにはない大変参考になるモデルを採用しています。

三人は大学生のころに起業し、いまでも多くの大学生がスタッフとして関わっている若さあふれる団体で、「始めることは、いくつでもできる」ということを身をもって証明してくれる団体です。

ちなみに「かものはしプロジェクト」とフローレンスは、NECが協賛している「NEC社会起業塾」というプログラムの同期で、その当時から切磋琢磨しつづける仲です。

●特定非営利活動法人NPOカタリバ　代表理事　今村（中澤）久美

高校生に対するキャリア教育ソーシャルベンチャー。僕も含め、高校生のころは偏差値でしか大学を選べず、どのような職業が世の中にあるのかもよくわからない。そんな高校生たちに向けて、ボランティアである少し年上の大学生の先輩たちを派遣し、どんなことに一生懸命なのかを語ってもらう。等身大のコミュニケーションを通して、高校生たちはすぐ身近にロールモデルを得て、自分の将来を具体的に描くモチベーションを得ていきます。

ちなみに代表の久美さんは大学時代の先輩で、一緒になっていつもばかみたいに飲んでいました。人生、何が起こるかはわからないものです。

●特定非営利活動法人NEWVERY（旧：コトバノアトリエ）　代表　山本繁

昨今、話題になっている、ひきこもりやニート、フリーターの問題など、解決困難な若者問題に、NEWVERYは、行政には真似のできないようなユニークかつイノベーティブな手法で挑戦しています。

たとえば、手塚治虫や石ノ森章太郎のような天才クリエイターを輩出したかの「トキワ荘」から名をとった現代版「トキワ荘プロジェクト」。漫画家になりたい若者に、住居を提供し、創作を支援しています。ちなみに、自分のお婆さんの家をトキワ荘化してしまうあたりの根性が、僕の胸を打ちました。二〇一一年現在は一九荘一一〇部屋を提供し、漫画家になりたい支援人数も延べ二〇〇人を突破、漫画家支援の研究成果を出版したり、漫画産業全体の調査事業をキックオフするなどしています。

また、彼らは若者たちが高等教育機関を中退し、ニートやフリーターに転落してしまうことを予防するために、日本中退予防研究所も設立しました。これ以上ないくらいド直球な名前にもインパクトがありますが、二〇一六年度までに中途退学者を二〇〇八年比で半分にするという大胆な目標を立て、社会に速やかな問題解決提供を目指しているそうです。

キャッチーなネーミングで事業コンセプトを打ち出し、ニートやフリーターが多くいる分野での予防事業を中心に、一点突破でターゲティングして事業化しているわけです。

こうした社会問題を、わかりやすいパッケージに仕立てて社会にぶつけていくNEWVERYの手法は、本当に鮮やかだと思います。

ちなみに代表の山本さんとは、大学もキャンパスも同じだったのですが、当時はいまのような関係はなく、社会に出てから「同志」となりました。不思議な縁です。

●特定非営利活動法人CANVAS　副理事長　石戸奈々子

子どもたちの創造力・表現力を育む活動を、産官学連携で、全国的に活性化していこうというソーシャルベンチャーです。彼らは子どもの創造性を開花させるような「ワークショップ」をアーティストや企業と開発し、それを子どもたちに提供しています。

自らも子どもたちにワークショップを提供するとともに、こうしたワークショップに関心のある学校やミュージアム、研究者、アーティスト、企業、行政をネットワークし、子どもの創造・表現活動の分野でのプラットフォームとなることを目指しています。

全国の子どもたちがつねに創造活動に接することができるよう、ワークショップのノウハウをプログラム化して提供したり、全国のワークショップを一同に集めた博覧会イベント「ワークショップコレクション」を実施してプログラムを紹介したり、普及啓発活動に力を入れています。

ちなみに副理事長の石戸さんは東大を出てMIT（マサチューセッツ工科大学）に留学していた才媛です。日本でもこうしたエリートが通常の官僚、外資系企業のコースを歩まず、ソーシャルセクターで活躍しはじめているというのは、一種象徴的なものを感じます。

●株式会社まちづクリエイティブ　代表取締役　寺井元一

もともとストリートアートやストリートバスケなど、マイナー分野の表現者たちを支援する渋谷のソーシャルベンチャー、NPO法人KOMPOSITIONを率いていた寺井代表。更に「まちづクリエイティブ」を社会起業しました。「まちづクリエイティブ」は芸術家やデザイナーといったクリエイターを移転集積することで、地方都市の活性化を図ろうとする、まちづくり会社です。

彼らは千葉県の松戸駅前エリアにて第一弾のプロジェクト「MAD City」に取り組んでおり、イベント企画と不動産の二つの事業を行っています。地域で長い間使われていなかった古民家や空き店舗をクリエイターに提供しており、平成二二年の起業から一年以上たったいま、エリアには二〇人程度が移転しています。また、松戸市と協働してアートプロジェクトを運営するなど、イベント企画も意欲的に活動しています。

●NPO法人ケア・センターやわらぎ　代表理事石川治江

フローレンスのアドバイザーもお願いしている介護業界のパイオニア。

その厳しい視線と妥協のない姿勢は経営者そのものです。外資系OLから飲み屋のママに、そして障害者のために駅をバリアフリーにする市民運動を起こし、その後プロによる介護を提唱して介護事業を起業する、というダイナミックな人生を歩まれている、偉大な方です。社会起業家という言葉が生まれる前から、そのあるべき姿を世の中に提示しつづけてくださいました。強面ですが、一度仲よくなると非常に優しく、全身全霊で経営のアドバイスをくれる希少な人物です。

●ピースマインド・イープ㈱　代表取締役社長　荻原国啓

いまでこそ当たり前の「メンタルヘルス」の分野を、一九九八年に先駆けて開拓した方です。

昨今、うつ病など精神疾患に悩む人は軒並み上昇し、「プチうつ」などの言葉が流行語になってしまうほど。自殺者の七割がうつ状態であるとも言われています。

一方で、カウンセラーという職業は、志望者が多いわりに、いわゆる「食えない」職業でした。世の中に必要とされているにもかかわらず、市場が形成されていないために担い手が育たない、という「社会問題の典型パターン」だったのです（ちなみに病児保育もまるっきりこのパターンです）。

荻原社長はこの問題に果敢に挑みました。それまでの医療機関でのカウンセリングや病気になってしまったあとの治療ではなく、もっと早期発見、予防的なアプローチを追求し、個人と組織の両方へのサービスを展開しました。そしてカウンセラーを職場の生産性向上のための問題解決を支援するコンサルタントとして徹底的に教育し、産業現場で活躍する市場を創りました。

現在は企業に対して職場の生産性向上をサポートするＥＡＰ（従業員支援プログラム）を展開し、従業員ベースで八五万人以上の方々を対象にした国内最大規模の企業向けメンタルヘルスサービス企業になっています。

もちろんピースマインド・イープに続いて、さまざまな大手企業がメンタルヘルスの分野に参入しはじめ、「当たり前のサービス」になりつつあります。

このような市場の創造によって、日本のメンタルヘルスケアにどれだけの貢献がなされたかは、言うまでもないでしょう。

●特定非営利活動法人マドレボニータ　代表理事　吉岡マコ

マドレボニータは、出産による甚大な身体へのダメージと、ホルモン変動による精神的な不安定さ、毎年一〇万人が患うと言われている産後うつや幼児虐待のリスクなど、「産後」特有の問題を解決するNPOです。フランスでは産後のケアに保険が適用される、というほど「あって当たり前」のものですが、日本では「え、出産が大変なのは分かるけど、産んじゃえば後は大丈夫なのでは」という程度の認知に留まっています。病院も行政も専門的なケアをしているところはほとんどないと言って良いでしょう。

NPO法人マドレボニータは母子保健の死角ともいえる「産後のヘルスケア」という分野に敢然と切り込み、現場をもって研究と実践を重ね、産後のケアを当たり前のものにすべく、全国で活動をしているのです。マドレボニータの産後ケアの特徴は「してもらう」ケアではなく、母親自身がエクササイズに取り組み、筋力や心肺機能を自分で回復させる「リハビリ」であることと、コミュニケーションのワークを取り入れ、身体だけではなく「心にもアプローチ」していること。また、母親たちを「ママ」と呼んだりはせず、一人の尊厳をもつ大人としてリスペクトをもって接するという姿勢を貫いています。

彼女たちは産後の身体のリハビリの仕方や産後特有のメンタリティを熟知した「産後セルフケアインストラクター」を養成し、その質を保証するために認定、更新制度を整備し、運営しています。二〇一一年九月現在、全国で五〇カ所の教室が開催されています。また、いままで研究すらされてこなかった「産後の実態」を当事者以外の層にも知らしめるべく『産後白書』を発行するなど、調査・研究を積極的に行っています。現在は世界にも問題提起するために英訳版を製作中とのこと。何を隠そう私の妻も第一子の出産後マドレボニータに通い、トレーニングを受け、体調回復を果たしました。早く産後の心と身体のケアが普及し、母親たちが心身ともに健康な状態で子育てのスタートをきることができるのが当たり前の社会になってほしいです。

●特定非営利活動法人「育て上げ」ネット　代表理事　工藤啓

ひきこもりやニートなどの若者たちの社会参加と経済的自立を支援する「ジョブトレ」や、その予防に特化したキャリア教育事業を行っている社会的企業。自主事業もさることながら、厚生労働省からの委託事業を担ったり、企業との協働事業を開発しています。例えば、金融系企業と「ニート予防をめざした金銭基礎教育プログラム〝MoneyConnection®〟」を開発し、多くの学校で導入しています。また、某グローバルIT企業と「ITを活用した若者就労支援プロジェクト〝若者UP〟」を開発し、全国二四カ所の若者支援NPO等と連携実施しています。このように政府や企業と協働することで、社会的影響力を二倍三倍にしていく手法は目を見張るものがあります。

●ケアプロ株式会社　代表取締役　川添高志

看護師として勤務している時に、ニートやフリーター等低所得者層が健診を受けないことによって大きな病気に罹っていってしまうことを目の当たりにした川添さんは、ワンコイン（五〇〇円）で簡易健診を受けられるような仕組みを創れれば、彼らを助けられるのではないか、と思いつきます。

若者が集う中野ブロードウェイで始めたケアプロは、今では横浜駅ナカの店舗や全国のドラッグストアやフィットネスクラブ、パチンコ店などでのイベントとして広がり、累計六万人の人々の健診を行っています。

川添さんは私の大学の後輩ですが、後輩たちが事業による社会問題の解決に続々と乗り出してくれているのを見ると、胸が熱くなります。

●株式会社HASUNA　代表取締役　白木夏子

生産者から身につける人まで、全ての人の幸せを考えてつくられたジュエリーブランド「HASUNA」。HASUNAで制作販売しているのは〝エシカルジュエリー〟と呼ばれ、エシカル（ethical＝倫理的な、道徳的な、道義的な）という言葉は、人や社会、自然環境に配慮したという意味を指しています。オーガニック、リサイクル、フェアトレードなどの商品も含まれ、最近はファッションの世界でもよく耳にするようになりました。HASUNAは二〇〇九年より日本で初めてエシカルジュエリーのビジネスを広め、二〇一一年三月には東京・南青山に初の直営店を出店するなど急拡大している注目の企業です。

代表取締役である白木夏子さんは、大学時代にインドの鉱山で見た児童労働や搾取の実態に衝撃を受け、このビジネスを立ち上げるに至りました。

国際労働機関（ILO）の調査では、宝

石などの鉱山で働いている一五歳以下の子どもは世界で一〇〇万人いるとされています。また、宝石が密輸や武器輸出の対価とされている例や金鉱山での水銀使用による環境汚染も報告されるなど、ジュエリービジネスの裏では貧困問題から社会問題、環境問題に及ぶものまで深刻な問題が複雑に絡み合っています。

白木さんはそのような問題を解決に結びつけるため、ルワンダ、パキスタン、コロンビア、ミクロネシアなどの国を自らの足で回り、鉱山労働者や職人から宝石や貴金属を適正価格で買い取り、デザインし、ジュエリーを販売しています。

設立当初から白木さんの活動は注目されており、二〇一一年には日本でのエシカルジュエリーの先駆者として「日経ウーマン・オブ・ザ・イヤー2011」もキャリアクリエイト部門で受賞されました。

ジュエリーは、人と人との絆や繋がりを象徴するプロダクトであり、裏側にいる鉱山労働者をはじめ職人たちは皆が笑顔で幸せであるべきだというのがHASUNAのポリシーです。結婚指輪や婚約指輪をメインにプレゼントにも最適なジュエリーやアクセサリーも販売されていますので、ハレの日に曇りなきジュエリーをぜひ選んでみては如何でしょうか。

●特定非営利活動法人ノーベル　代表理事　高亜希

ある日同い年の女の子が大阪から「病児保育をやりたいから修業させてください」と訪ねてきました。聞けば一流企業を辞めて、子育てと仕事の両立できる社会を創っていくため起業したいといいます。その気合いに押され、フローレンスに受け入れ、一年間がっつり働いた後、高さんは故郷大阪でフローレンスモデルの病児保育サービスを始めました。

それがNPO法人ノーベルです。

高さんは自らの社会起業を通し、私に、フローレンスモデルが東京以外でも成立しうるのだ、ということを教えてくれました。そして社会起業家において何より大切なのは、経営のスキルではなく、必ず成し遂げようという強い心なのだ、ということも。

今後もフローレンスは、第二第三の高亜希を生み出していけたらと思っています。

以上、ここで挙げたソーシャルベンチャーは、私が個人的にお付き合いさせていただいている方々のみで、世の中にはもっとたくさんの団体が活動しています。ここから先は、みなさん自身の手で、出会いを創り出してください。

3　参考文献リスト

本書を読んでどこかに興味を持った方には、下記の本がお勧めです。

●「社会起業家についてもっと知りたい」という予備軍の方々には

『チェンジメーカー――社会起業家が世の中を変える』渡邊奈々著（日経BP社）

アメリカ在住の写真家、渡邊奈々さんによるスタイリッシュな社会起業家紹介の本。遠くアメリカに住んでいても、日本を憂う気持ちは変わりません。何度か一緒にお食事させていただきましたが、そのたびに、その気持ちを語られるのが印象的でした。

『NPOで働く』工藤啓著（東洋経済新報社）

著者はNPO法人「育て上げ」ネットの代表理事である、工藤啓氏。私よりも二つ上ですが、同世代の経営者仲間として仲良くしてもらっています。だからというわけではなく、彼の誠実な筆致は、これからNPOを始めようとする人にはリアルな手引きとなるでしょう。例えば最初は給料を五万しか払えなかった話や、利益を認めない行政委託の話など、一見面白く華やかそうに見えるソーシャル・ビジネスの現場のリアルを、淡々としかし希望を失うことなく描いてくれています。

『あなたには夢がある 小さなアトリエから始まったスラム街の奇跡』ビル・ストリックランド著、駒崎弘樹訳（英治出版）

アメリカを代表する社会起業家の自伝。アートによってスラム街の子どもたちに希望を与え、卓越した職業訓練によって数多《あまた》の雇用を生み出していった男の話。一度お会いした時に、彼のあまりに真摯な姿勢に打たれ、本書の翻訳を引き受けました。いつか彼のような素晴らしい社会起業家になりたい、と心から思います。

●「ソーシャルベンチャーの実務を極めたい」という方々には

『非営利組織の経営――原理と実践』P・F・ドラッカー著、上田惇生・田代正美訳（ダイヤモンド社）

何度読み返しても学びがある本。永久保存です。

『はじめの一歩を踏み出そう――成功する人たちの起業術』マイケル・E・ガーバー著、原田喜浩訳（世界文化社）

組織が少し大きくなってくると、最初は自分だけでできたいろいろなことに手が回らなくなってきます。そこでしなければいけないのが「仕組み化」です。「仕組み化」とは何か、が徹底的に書かれている古典的名作です。

『一瞬でキャッシュを生む！　価格戦略プロジェクト』主藤孝司著、神田昌典監修（ダイヤモンド社）

新しいサービスを始める際に最も悩むのが値決めです。意外と「まあ、こんなもんかなあ」くらいで決めちゃいがちですが、しっかりとリサーチして決める方法を紹介している隠れた名著です。

『ビジョナリーカンパニー【特別編】』ジェームズ・C・コリンズ著、山岡洋一訳（日経BP社）

ビジネスマンなら知らない人はいないだろう名著『ビジョナリーカンパニー』の著者が非営利団体向けに書いたもの。第一線のビジネス研究者が非営利向けにも経営書を書く、というあたりがアメリカに見習うべきところでしょう。

『プランB　破壊的イノベーションの戦略』ジョン・マリンズ、ランディ・コミサー著、山形浩生訳（文藝春秋社）

起業する時に考えたプランAなんて、だいたいにおいて失敗するから、やりながら考えたプランBにおいて成功させれば良いんだよ、という本。自らの社会起業を振り返ってみても、まさにその通りでした。

それだけではありません。本書では「できるだけ小さな投資額で始めよう」「価格でイノベーションを起こせ」等、社会起業をする際に非常に重要なコンセプトがちりばめられています。社会起業も起業なので当たり前といえば当たり前ですが、社会問題解決の美名のもとマネタイズを置き去りにしてしまう傾向は、本書を読めば是正できるでしょう。

4　用語集

本書で登場した用語や、その周辺概念やキーワードを、読者のさらなる理解の手助けのためにご紹介いたします。

●新しい公共（New Public）

日本では「公共サービス」というと、住民票取得や下水道などの「行政サービス」とほぼ同義語になるように、公共＝行政と捉えられがちであった。

これは明治維新後の近代国民国家を創設するために、国家に権力を集中させる必要があったこと、また太平洋戦争敗戦後も強固な官僚制によって戦後復興を国家主導で行っていった我が国の歴史に要因を見出せよう。

翻って世界第二位の経済大国にまで発展はした我が国であったが、その後九〇年代の失われた十年を経て低成長時代を迎え、同時にこれまでの公共事業等で積み重ねられた膨大な政府債務が財政をさらに悪化させるようになっていった。

こうした背景から、行政主導の依存的な「公共」のあり方を定義し直し、市民やNPO、企業等広く民間の主体によっても、公共は担いうるのだ、という思想とそれに基づく運動が生み出されていった。この考え方及び担い手達が、行政などのこれまで主導的だった主体に対し、「新しい公共」と呼ばれる。

作中にあったように二〇一〇年鳩山政権は「新しい公共」を推進していくため『新しい公共』円卓会議」を審議会として設置。日本の憲政史上初めて、また海外でも類例なくUｓｔｒｅａｍやＴｗｉｔｔｅｒなどのソーシャルメディアを使い、総理大臣出席の審議会の公開を行った。中心となったテーマは寄付税制を始めとして、社会的企業を支える新たな法人格の可能性や、金融プラットフォームのあり方。また企業におけるＣＳＲや社会的責任投資の推進策や、こども手当のバウチャー化など、多岐にわたる。

一〇年六月四日の鳩山総理辞任当日の朝に最終回を行い、そこで寄付税制改革など、多くの改革案を示した「『新しい公共』宣言」に総理を始め関係閣僚、委員が署名を行った。

●カセギとツトメ

江戸時代には仕事、という意味の言葉が二つあったという。ひとつは「カセギ」。これは「稼ぐ」の意味であり、日々の収入をもたらす仕事を指した。しかし「カセギ」だけをやっている人間は、一人前とみなされなかった。火事の消火活動や看病など、共同体を維持する活動、すなわち「ツトメ」をしっかりやっていないと、認められなかったのだ。

現代においては「仕事」と言った場合、もっぱら「カセギ」を指している。これは近代化に伴って我々の共同体を維持する「ツトメ」を、国家にアウトソースし続けてきたがゆえであろう。

●コーズ・リレーテッド・マーケティング（Cause Related Marketing）

略してコーズ・マーケティング。コーズは「大義」や「意義」の意味。企業の社会問題や環境問題などへの積極的な取り組みを対外的にアピールすることで顧客の興味を喚起し、利益の獲得を目指すマーケティング手法。米国アメリカン・エキスプレス社の「自由の女神修復キャンペーン」が起源とされ、近年ではピンクリボン活動（乳がんの早期発見・早期診断・早期治療を促すために、自社の商品をピンク色に彩り、売上の一部を寄付する等の活動）の成功がある。

●C–C (Community Interest Company)

英国の社会的企業のための法人格。二〇〇四年に一〇〇年ぶりの会社法改正によって制定。CICはCommunity Interest Companyの略なので「地域益会社」とでも訳せそうだが、調べてみるとこのCommunityの定義は非常に広く、地域的なエリアはもちろんのこと、社会的弱者に対する社会サービスを行っている場合においては、社会的弱者の方々の連なりが「コミュニティ」になるので、意訳すると「公共益会社法人」とでも言えよう。

イギリスではサッチャー政権において構造改革が推し進められ、小さな政府に舵を切った。非効率な公共サービスを民間開放し、補助金も見直したことから、民間のNPO（イギリスではCharitiesという言い方が一般的）が政府補助金や寄付だけに頼らずに事業によって経済的自立をし、またビジネスの手法を使って社会問題を解決する必要性が出てきた。

そこからSocial Enterprise（社会的企業）の概念が生まれ、社会的企業を起業する人達を特に社会起業家（Social Entrepreneur）と呼ぶようになっていったのだった。

こうした実態が生みだされてきたが、多くの社会的企業は法人格としてはCompany limited by gurantee やCompany limited by shares という営利企業が使う法人格か、あるいはRegistered Charities という伝統的なNPOの法人格を使っていた。法人格に関係なく、彼らは自分達のことを社会的企業と認識しており、ある種様々な定義が団体ごとに、あるいは場合に応じて使い分けられていた。

こうした状況の中、より社会的企業が活躍しやすい土壌を創っていこうという志を持って、

Baites Wells & Braithwaite 弁護士事務所の上級パートナーである Stephen LLoyd（ステファン・ロイド）氏がCIC構想を提起した。

ロイド氏の提起は政府に届き、主だった社会起業家や中間支援団体のトップの方々と委員会が作られ、協議を重ねた。

ロイド氏が初めに描いた法人像とは異なったものになりつつも、最終的にCICは労働党政権下において二〇〇四年に実現したのであった。

そこから、CICは二〇一〇年一月時点において約三五〇〇法人に拡大した。法律制定当初はおそらく年間二〇〇〜三〇〇法人程度が生まれていくだろうと政府担当部署は予測していたそうだが、実績は予測を大きく上回ったという。

法人格には、以下のような特徴がある。

①存在目的が社会的目的（社会的課題の解決）のものに限定②公益を目的とした法人だが、株式を持つことができる③しかし株式の配当は低い額に制限される（Asset Lock）④株式による議決権はLLCのように制限可能⑤寄付はもらえるが、寄付者へのメリットである寄付控除はない⑥法人税の優遇等はない⑦株式があるので合併やM&Aが可能

英国に見る、こうした社会的企業に対する法的プラットフォームは、いまだ米英に大きく後れを取る日本のソーシャル・ビジネス業界において、大変示唆的な事例を提供しているといえるだろう。

●社会的企業（Social Enterprise）

社会問題をビジネスで解決する「ソーシャル・ビジネス」を行う事業体。法人格はＮＰＯ法人・株式会社・社会福祉法人等、問わない。イギリスでは会社法改正により社会的企業の専門法人格ＣＩＣ（Community Interest Company：公共益会社）ができ、アメリカでも二〇一〇年六月に社会的企業の法人格であるＬ３Ｃ（Low-profit Limited Liability）を成立させる法律がミシガンやバーモント等の州において施行された。

日本においては二〇一〇年内閣府「『新しい公共』円卓会議」において「社会事業法人」案を著者らが発議。継続的な検討事項として「『新しい公共』宣言」に盛り込まれた。

●スケールアウト（Scale Out）

スタンフォード大学 Gregory Dees 教授の論文“Scaling Social Impact”によって提唱されたコンセプト。ＮＰＯや社会的企業がある地域で起こしたソーシャルイノベーションを、ひとつの地域だけではなく全国規模、または世界的に広げていくことで「社会を変える」手法。

例えば「ドラッグや売買春によって汚染されていない安全な公園をつくる」米国ＮＰＯのKaBOOM!は、一九九六年にワシントンＤ．Ｃ．で初めて公園を造って以来、約一七五〇カ所もの公園やスポーツ施設を造った。このように短期間に自らのモデルを迅速に広げていく手法は、米国ＮＰＯによって様々に開発されている。例えば、自らのモデルを詳細なマニュアルにし、インターネットを通じて無償で頒布することで、各地で同様の志を持つ人間達が立ち上がっていったり、プログラムを主導するファシリテーターを養成して、各地で同様のプログラムを開催していったり、等である。

地域性が強かった日本のNPOや社会的企業などソーシャルセクターでも、自らの成功モデルを、地域を超えて展開させていくスケールアウトの手法が注目されている。

●ソーシャル・キャピタル（Social Capital）

アメリカの政治学者ロバート・パットナムの定義によると「諸個人間の結びつき—社会的ネットワーク、互酬性の規範、それらから生まれる信頼性」。彼はその著書『哲学する民主主義』（河田潤一訳・NTT出版・二〇〇一年）で次のような基本的かつ重要な問いかけを行っている。「民主的政府のうち、なぜあるものは成功し、あるものは失敗するのか」。この問いに答えるために、一九七〇年にイタリアに設置された地域政府の、その後の二〇年間のガバナンスの成績を追跡研究することによって明らかにされたのは、ソーシャル・キャピタルの果たす役割の大きさであった。イタリアの二〇の地域政府の間、とくに北部と南部のガバナンスの成績の差は、民主的制度の差によってついたのではなく、市民の政治への関わりの度合いや、市民同士がお互いを信頼している度合い、または政治的な文化の違いなどによって、もたらされたということを明らかにした。更に後の研究によって、他者への信頼度と経済成長率に相関があることが示されたり（世界価値観調査および国際社会調査プログラム）、信頼度の高まりが市場の開放性に寄与する（同プログラム）等、経済にも影響を与えるという研究が発表されるようになっていった。

ソーシャル・キャピタルは地域の絆や、ＰＴＡやボランティアサークルでの人と人との結びつきによって形成されていく。そうした市民の社会へのコミットメントがあって、民主主義が機能するのであり、民主的制度があるから民主主義が機能するわけではない、というのがソーシャル・キャピタルが示唆するところである。

本書で中心的に取り上げた寄付はＮＰＯや市民活動など、ソーシャル・キャピタルを分厚くする活動を持続的にすることに寄与し、それは日本の民主主義が機能していくことや、経済的な発展に繋がっていくというのが、ソーシャル・キャピタル論から導き出せる。

●ソーシャル・ビジネス（Social Business）

社会的課題を解決することを目的としたビジネス。地域の課題解決を目的としたコミュニティビジネスを包含する概念。政府補助や企業助成金、寄付等では不安定になりがちな公共サービスを、ビジネスの手法を使って持続可能に運営する。詳細は『「社会を変える」を仕事にする　社会起業家という生き方』の本文部分を参照。

ノーベル平和賞を受賞した社会起業家であるムハマド・ユヌス氏は、援助依存の教訓等から、政府補助や寄付ではなく、ソーシャル・ビジネス振興によって、途上国の経済発展を実現することを提唱している。

拙著『「社会を変える」お金の使い方』（英治出版・二〇一〇年）ではソーシャル・ビジネスとして病児保育問題を解決しようとした著者が、低所得者層においてだけは受益者からの利用料ではまかないきれないことから、寄付という別財源を獲得するに至る、ユヌス氏とは逆の過程を描いた。

これは日本が途上国支援とは異なり、まがりなりにも福祉国家を標榜した先進国であること、しかしながら、世界一の少子高齢社会に突入する、「社会問題先進国」であり、更にはその問題を国家財政がもはや全てを手当てできないこと等が、アプローチを異にするゆえんである。そして「社会問題先進国」においては、NPOが寄付（でも事業資金でもなんであれ）を原資に、自ら新たな福祉モデルを創造しうるのだ、ということを、著者は提起したい。そこにおいては、寄付はベンチャーキャピタルの出資金と同様に、NPOが起こすソーシャルイノベーションの原資になり得るのだ。

『「社会を変える」お金の使い方』では著者個人の体験に基づいた、導入的な内容となったが、寄付の持つメリットとデメリット、革新を生み出す拠出の仕方と、依存を生み出す与え方、海外においての場合と、国内においての場合など、多面的かつ深い専門研究が、今後は一層期待される。

●非営利

「NPOは儲けてはいけないのですよね?」という誤解が一般化しているが、「営利」とは団体の利益を構成員に分配することを意味し、「非営利」とは、団体が利益をあげてもその利益を構成員が分配しない「利益の非分配」を意味する。営利組織である会社は、株主（構成員）が出資して会社を運転し、あがった利益を株主に配当するしくみである。この配当に当たる部分が「営利」であり、会社は株主から見て「営利団体」である。それに対してNPO、構成員（会員）が会費や寄付金を拠出し、それをもとにNPOが事業を行って利益があがっても、それを構成員に分配しない仕組みである。つまり、構成員にとってNPOは「非営利団体」である。営利・非営利は、その団体の構成員からみた団体の性格を示す用語である。

ちなみに「儲けていないから非営利」ということであれば、日本の企業二六〇万社の約七割は赤字なので（国税庁会社標本調査より）、日本は非営利団体ばかり、ということになる。

●ファンドレイジング（fundraising）

NPO等非営利組織の、寄付を中心とした資金調達手段。単に資金を集めることに留まらず、寄付者の意識を変革させることで、社会変革を促していく。拙著『「社会を変える」お金の使い方』において詳細を記述。

●フルコスト・リカバリー（Full Cost Recovery）

事業型NPOや社会的企業の主な収入は、自主事業と行政委託事業とに分けられる。自主事業は、いわゆるビジネスとして顧客やステークホルダーから収入を得る事業であるのに対し、行政委託事業は行政から仕事を受け、それを収入とすることである。行政は直接行うよりも、NPOの方がノウハウを持っていたり、より効率的に運営されることを期待して、外部化する。公民館や児童館、男女共同参画センターや保育所等、様々な分野で行政委託が行われている。

ただしここで問題が生じている。NPOに委託を行う際に、行政側が、NPOが利益を取ることを認めないことが頻発している。また、認められたとしても非常に低い割合しか認められないことが多い。仕事を受けるNPO側としては交渉力が弱く、こうした状況がまかり通ってしまっており、結果としてNPOが低利益の下請作業に埋没してしまい、本来の社会的使命が果たせない弊害が生まれている。

イギリスにおいては、NPOの経営者の全国組織であるACEVO（アキーボ）という団体が「フルコスト・リカバリー」という考え方と、間接経費を含む契約の積算方法を開発し、積極的に政府に働きかけてきた。契約料金の見積もりにおいて、家賃や光熱費などの団体維持に当然かかる費（間接経費）もきちんとまかなえるような料金設定の基準を提示したのだ。

フルコスト・リカバリーのような基準を作り、行政側がそれを守らない限り、NPOが財政的に健全に請け負うことは不可能になり、よって行政のスリム化は実現しえないのである。

●ララ物資

第二次大戦後の日本人、一四〇〇万人（当時の日本人の六人に一人）を救ったと言われる、食糧や医薬品。世界中の人々からの寄付によって多くの日本人が救われたが、そのきっかけは一人の日本人の決意であった。サンフランシスコに在住していた彼の名は、浅野七之助（盛岡出身・一八九四―一九九三）。戦後日本の窮状を知り「日本爆撃地帯の被災者は、厳冬を前に控え、食べるに食物なく、着るに衣類なく、雨風をしのぐ家屋すら充たされていない状態にあり、餓死線上に彷徨する者、毎日数知れないということであります。私たちは、これをきいてじっとしていられない衝動にかられます。比較的豊かな立場に置かれている私たちは、自ら省みて、たとえ一食を分かち、一日の小遣いを割いても、これら同胞難民に対して、なんとか援助してあげなければならないという良心的な義務を感じます。」として、一九四五年一一月にたった一〇人の同志達で「日本難民救済有志集会」を開き、邦字紙「ロッキー新報」に「故国の食糧危機重大」と題する記事を載せ、救済運動の盛り上げを図った。

そして翌一九四六年一月に「日本難民救済会趣意書」を起草し、サンフランシスコ湾東地区在住の日系人を中心として集めた寄付で物資を購入し、「海外事業篤志団アメリカ協議会」を通じて日本に送ろうとしたが、同協議会はヨーロッパの戦災難民しか対象にしてくれず、日本には送ることはできないことが判った。そこで、川守田牧師らを通じて宗教団体に働きかけ、大統領直轄の救済統制委員会に「日本難民救済会」を公認団体とするように陳情（ロビイング）した。

この陳情を受けて動いてくれたのが、エスター・B・ローズ女史（Esther. B. Rhoads 一八九六―一九七九）であった。クエーカー教徒だった彼女は、二一歳で東京フレンド学園（現普連土学園）の教師として来日。長らく日本で教鞭をとるが、太平洋戦争開戦と共にアメリカに帰国した。帰国後、日系人強制収容所に入れられていた人々のケアをしたり、日本爆撃即時停止の嘆願をする等の平和活動を行っていた社会運動家であった。彼女が、浅野ら日本難民救済会が公認団体になれるよう尽力。ようやく四六年九月に認可にこぎつけて、LARA（Licensed Agencies for Relief of Asia）として発足したのだった。

認可の二カ月後、救済品を満載したハワード・スタンバーグ号は横浜港に到着した。その第一便の配分は、最も困窮していた乳児院、児童養護施設、結核・ハンセン氏病などの療養施設、老人ホーム、広島・長崎での被災者たちに贈られた。さらに四八年には六大都市の約三〇〇カ所の保育所でララ物資による給食が開始された。日本難民救済会はアメリカだけでなく、カナダや南米諸国にもファンドレイジングの輪を広げていった。

同じころ、日本に滞在経験のあるキリスト教宣教師たちが、見慣れた日本の戦後の痛ましい変わりようにショックを受け、本国のキリスト教関係者に伝えたところ、「日本の子どもたちを救おう」とアメリカや各国のボランティア団体が立ち上がった。四九年、全米七万六〇〇〇の教会が一丸となって「『ゴールは一〇〇〇万ドル』難民救済イベント」を実施。全米放送を通じて、一億五〇〇〇万人のアメリカ国民に呼びかける、大ファンドレイジングキャンペーンに発展した。アメリカの高校や大学において、週に一度ランチを抜いてそのお金を『日本の子どもたちへの寄付に回す運動』が大々的に行われた。

こうして集められた寄付は四六年から五二年まで足掛け七年間、脱脂粉乳やコッペパン、ペニシリンや衣服、日用品に姿を変え、当時の日本人の六分の一にあたる延べ一四〇〇万人に、恩恵を与えていった。

一四〇〇万人もの同胞の命を救ったララ物資が、浅野七之助という一人の名もない日本人の決意と、一〇人という小規模なグループの献身的な寄付集めの努力から始まり、多くの外国人の手助けによって生み出されたことを、我々現代に生きる日本人は、ほぼ忘却している。

もしも「自分一人だけ動いても、何も変わらない」と浅野が何もしていなかったら、今の私達はこの世の中に生まれてきていただろうか。

あとがき――文庫版にあたって

文庫化のお話を出版社から頂き、あとがきと巻末資料を書くために、自分にとっての処女作である『「社会を変える」を仕事にする』を読み直してみて、少し驚いたことがある。

本作で描かれているように、二〇〇〇年代初期においては「社会問題を解決するビジネス(＝ソーシャル・ビジネス)」を生み出す社会起業家も、彼らの乗り物であるソーシャルベンチャーや社会的企業も、一般には多く知られてはいなかった。しかしあれからわずか八年を経た今、私が起業当時に感じたような認知の不足と理解の断絶とに苦しむ経験が、格段に少なくなっているのに気づいたのだ。

それどころか、大学に講演に行けば、必ず一人は「NPOを起業したい」「こんなソーシャル・ビジネスを考えている」という相談を学生たちから受ける。社会起業家仲間のうち何人も国の審議会や委員会にも専門家として呼ばれ、政策提案の機会を与えられる。メディアや産業界からも拍手され、数々の賞が贈られる。

わずか八年。八年で人々の認識が変わった。私が当時、ITベンチャー社長を辞めNPOを社会起業した時にあれ程冷ややかだった空気は、いつの間にか溶けるように変わってしまった。

この作品を世に出そうと思った大きな理由だった「NPOやソーシャル・ビジネスに対する認識を変えたい」「多くの若者が社会起業家として、社会問題の解決に飛び込みたいと思う社会になってほしい」という願いは、一見成就したかにその時見えた。

けれどその目測は、文庫化のお話を頂いた後に起きた東日本大震災によって、大きく引き裂かれることになった。

3・11後、私達フローレンスや仲間の多くのNPOが被災地支援事業に立ち上がり、現地に入っていった。私達も含め本業が災害支援でない社会的企業の多くが、本業と両立させながら被災地のための新規事業を立ち上げたのだった。

しかし震災後、多くの国民は信頼の置けるNPOがどこにあるのか皆目分からず、とりあえずと日本赤十字に寄付をした。しかし義援金はその制度上の理由のため長らく留め置かれ、被災者のもとにすぐに届くことはなかった。

また、NPOとの協働の経験がない被災地自治体の多くでは、我々の支援事業をどう扱ったら良いのか分からず、基礎的な連携すら叶わなかったところもある。

更に震災直後にアメリカに寄付を募りに行った仲間は、日系人コミュニティから「私たちは祖国日本に寄付したくてたまらない。しかし日本のNPOは英語でWEBサイトを持っていないし海外に発信していないので、顔が見えない。仕方がなくジャパンレッドクロスに寄付をした」と言われたという。

社会起業家を巡る環境は、私が一歩を踏み出した八年前と比べたら、随分と前に進んだ。けれどそれはローマへと続く道をほんの二、三歩進んだに過ぎない距離であったのだ。

我々がもっと強靭で、もっと多くの国民に知られ、海外とのNPOや社会的企業たちとの繋がりもあり、発信力もあったならば、もっと迅速かつ強力に被災地支援事業に乗り出せたであろう。もっと多くの寄付を集め、もっと広範囲に多くの支援を展開できたであろう。地方の行政担当者にも名前を知られていれば、もっとすんなりと連携を行い、いち早く現地のニーズに沿った事業をきめ細かく行えたであろう。

全て自らの力の欠如によるものだ。悔しさで胸が潰れそうになる。確かに努力はしてきた。けれど残念ながら、私たちはまだまだ、驚くほど脆弱だ。

だが同時に、私は3・11に希望をも見た。あの日々において、これまで日本においては大きな距離のあった企業セクターとソーシャルセクターが、その境を越えた。企業とNPOの境なく、人々は自分にもできることはないか、と動いたのを見た。検索エンジン大手であるグーグルはグーグルパーソンファインダーを始め、行方不明の人々をネット上で探せるようにした。大手携帯電話会社であるソフトバンクは登録すれば自動的に寄付ができる料金プランを発表した。フローレンスにも多くの企業から「自分たちにできることは無いか」という問い合わせが相次いだ。

そこに営利企業だから、NPOだから、という違いはあっただろうか。自分は企業人だから、団体職員だから、という区別はあっただろうか。関係ない。今できることを、それぞれが果たそうとしたのだ。

あの時に時代の扉から光が差し込みはしなかったか。

もし今日本が抱える数多の危機。それは世界一の速度で進む超少子高齢化であり、先進国一の借金であり、長期にわたる経済低迷であり、機能しない政治システムであり、破綻しかけた社会保障機能であり、そうした危機において誰もが、そう誰もが当事者として相対することができるならば。

沈みかけたタイタニックの船員として、日々船長に文句を言い、船長を代えれば自分たちは溺れないのだ、と膝まで水に浸かりながらせせら笑う喜劇の住人たちが、ひとりずつバケツを持って水をかき出し、船体に空いた穴を直しはじめたら。

3・11で決定的に追い打ちをかけられてしまった我が国の運命を変えるためには、私達が主体に替わる以外にはない。社会を変えるために、私達それぞれが変化となる以外に選択肢など残ってはいないのだ。

私は夢見る。若者たちが希望を抱き、社会を変えるための事業を次々に興していくことを。それを大人たちは冷笑的なダメだしではなく、拍手と応援によって背中を押すことを。日本全国にＮＰＯや社会的企業が溢れ、多くの国民はそれに参加し、その地域の課題に革新的な手法によって切り込んでいくことを。そして一度危機があればすぐに彼らが結集し、苦痛にあえぐ人々のもとに誰よりも早くかけつけることを。行政や政府は自分たちで対応できない多種多様な社会的課題を、そうした使命感を持った個人たちに委ね、自分たちしかできないことに集中し、スリムになっていくことを。企業はＮＰＯや社会的企業と果敢に事業提携し、社会変革の種をそこかしこに撒いていくことを。国民が「依存しながら文句だけは言う」お任せ民主主義から脱却し、自ら当事者となり小さな変化を生み出していく主体となることを。そして戦後焼け野原から世界第二位の経済大国に登りつめた「奇跡」に続く、新たな「奇跡」を起こすことを。様々な困難に見舞われながらも、それでも国民が世界一幸福に、そして誇りを持って生きている社会を、我ら自身の手によって生み出すことを。

私は夢見る。そして走り続ける。それまで私の仕事は終わらない。いや私は『「社会を変える」を仕事にする』ことを、その光景を見るまで終えることなんてできない。なぜなら私は心から見たいのだ。そんな光り輝く、私たちの愛する社会を。

駒崎　弘樹

二〇一一年九月

この本の印税の一部は東日本大震災被災地への支援事業等に寄付します。

本書は二〇〇七年一一月、英治出版より刊行された。

思考の整理学 外山滋比古

アイディアを軽やかに離陸させ、思考をのびのびと飛行させる方法を、広い視野とシャープな論理で知られる著者が、明快に提示する。

ライフワークの思想 外山滋比古

自分だけの時間を作ることは一番の精神的肥料になる、前進だけが人生ではない――。時間を生かして、ライフワークの花を咲かせる貴重な提案。

質問力 齋藤孝

コミュニケーション上達の秘訣は質問力にあり！ これさえ磨けば、初対面の人からも深い話が引き出せる。話題の本の、待望の文庫化。（斎藤兆史）

段取り力 齋藤孝

仕事でも勉強でも、うまくいかない時は「段取りが悪かったのではないか」と思えば道が開かれる。段取り名人となるコツを伝授する！（池上彰）

齋藤孝の速読塾 齋藤孝

二割読書法、キーワード探し、呼吸法から本の選び方まで著者が実践する「脳が活性化し理解力が高まる」夢の読書法を大公開！（水道橋博士）

あなたの話はなぜ「通じない」のか 山田ズーニー

進研ゼミの小論文メソッドを開発し、考える力、書く力の育成に尽力してきた著者が「話が通じるための技術」を基礎のキソから懇切丁寧に伝授！

スタバではグランデを買え！ 吉本佳生

身近な生活で接するものやサービスの価格を、やさしい経済学で読み解く。「取引コスト」という概念で学ぶ、消費者のための経済学入門。（西村喜良）

仕事に生かす地頭力 細谷功

仕事とは何なのか？ 本当に考えるとはどういうことか？ ストーリー仕立てで地頭力の本質を学び、問題解決能力が自然に育つ本。（海老原嗣生）

「社会を変える」を仕事にする 駒崎弘樹

元ITベンチャー経営者が東京の下町で始めた「病児保育サービス」が全国に拡大。「地域を変える」が「世の中を変える」につながった。

雇用の常識 決着版 海老原嗣生

昨今誰もが口にする「日本型雇用の崩壊」がウソであることを、様々なデータで証明した話題の本。時代に合わせて加筆訂正した決定版。（勝間和代）

自分の仕事をつくる　西村佳哲

仕事をすることは会社に勤めること、ではない。仕事を「自分の仕事」にできた人たちに学ぶ、働き方のデザインの仕方とは。（稲本喜則）

自分をいかして生きる　西村佳哲

「いい仕事」には、その人の存在まるごと入ってるんじゃないか。『自分の仕事をつくる』から6年、長い手紙のような思考の記録。（平川克美）

新宿駅最後の小さなお店ベルク　井野朋也

新宿駅15秒の個人カフェ「ベルク」。チェーン店にはない創意工夫に満ちた経営と美味さ。帯文＝奈良美智（柄谷行人／吉田戦車／押野見喜八郎）

町工場・スーパーなものづくり　小関智弘

宇宙衛星から携帯電話まで、現代の最先端技術を支えているのが町工場だ。そのものづくりの原点を、元旋盤工でもある著者がルポする。（中沢孝夫）

増補　経済学という教養　稲葉振一郎

新古典派からマルクス経済学まで、知っておくべき経済学のエッセンスを分かりやすく解説。本書を読めば筋金入りの素人になれる⁉（小野善康）

移行期的混乱　平川克美

人口が減少し超高齢化が進み経済活動が停滞する社会で、未来に向けてどんなビジョンが語れるか？（内田樹＋高橋源一郎）

独学のすすめ　加藤秀俊

教育の混迷と意欲の喪失には出口が見えないが、IT技術は「独学」の可能性を広げている。「やる気」という視点から教育の原点に迫る。（竹内洋）

「教える技術」の鍛え方　樋口裕一

ダメ教師だった著者が、「カリスマ講師」として知られるようになったのはなぜか？　自らの経験から見出した「教える技術」凝縮の一冊。（和田秀樹）

ドキュメント　ブラック企業　今野晴貴・ブラック企業被害対策弁護団

違法労働で若者を使い潰す、ブラック企業。その「手口」は何か？　闘うための「武器」はあるのか？　さまざまなケースからその実態を暴く！

英語に強くなる本　岩田一男

昭和を代表するベストセラー、待望の復刊。暗記やテクニックではなく本質を踏まえた学習法は今も新鮮なわかりやすさをお届けします。（晴山陽一）

ちくま文庫

「社会《しゃかい》を変《か》える」を仕事《しごと》にする
――社会起業家《しゃかいきぎょうか》という生《い》き方《かた》

二〇一一年十一月 十 日 第一刷発行
二〇一九年 二 月二十五日 第五刷発行

著　者 駒崎弘樹（こまざき・ひろき）
発行者 喜入冬子
発行所 株式会社 筑摩書房
東京都台東区蔵前二―五―三 〒一一一―八七五五
電話番号 〇三―五六八七―二六〇一（代表）
装幀者 安野光雅
印刷所 中央精版印刷株式会社
製本所 中央精版印刷株式会社

ISBN978-4-480-42888-2 C0136